Wilhard Becker · Wandlungen

Wilhard Becker

Wandlungen

. . . unser Leben vertiefen

Oncken Verlag Wuppertal und Kassel

2. Auflage 1983

© 1982 Oncken Verlag Wuppertal und Kassel
Umschlaggrafik: Carsten Buschke, Solingen
Gesamtherstellung: Breklumer Druckerei Manfred Siegel

ISBN 3-7893-7151-3

Dieses Buch ist nicht als Bettlektüre gedacht, sondern als Arbeitsbuch. Die leichte Lesbarkeit und die Verwendung bekannter Ausdrücke täuschen vielleicht etwas über die Hintergründigkeit mancher Gedanken hinweg. Wer kritisch liest, wird in manchem einen Stachel wider das träge und bequeme Fleisch spüren – wider gewohnte Denk- und Lebensweisen. Manche werden behaupten, daß man dieses oder jenes »so nicht sagen kann« oder nicht sagen darf. Daß ich es trotzdem tue, eröffnet hoffentlich eine Möglichkeit zum Gespräch.

Ich verfolge mit dieser Arbeit ein doppeltes Ziel: Zum einen möchte ich den mit dem Buch »Wahrnehmungen« begonnenen Versuch fortsetzen, die Gedankenwelt und Erfahrungsbereiche des Psychologisch-Therapeutischen mit dem seelsorgerlichen Anliegen zu verbinden. Zum anderen möchte ich die divergierenden Wirklichkeitsvorstellungen zwischen denen, die auf dem Boden der Glaubenserfahrungen arbeiten, und denen, die in der Therapie arbeiten, zusammenbringen. Ich gehe von der Voraussetzung aus, daß es nur eine Wirklichkeit gibt, zu der alles gehört: Leib, Seele und Geist – Himmel und Erde – Natur und Geist Gottes. Daß wir in den verschiedenen Erfahrungsbereichen unterschiedliche Erlebnisse haben, eine unterschiedliche Sprache sprechen und verschiedene Bilder und Ausdrücke gebrauchen, ist offensichtlich. Aber alles, was wir erleben und beschreiben, gehört zu der einen Welt, die für mich Gottes Welt ist.

So ist auch die Zielvorstellung für die Arbeit in Therapie und Seelsorge dieselbe. Es geht vom Menschen her gesehen um sein Heil und um seine Heilung. Es geht um einen Weg, auf dem die verschiedenen Spaltungen überwunden werden im Sinne einer Ganzheit und Einheit, die nur dann gelingt, wenn auch der einzelne in sich dieselbe Integration erfährt. Es geht letztlich um das Ziel, »daß Gott sein wird alles in allem«. Von Gott her gesehen verstehe ich das Ziel in der Verwirklichung Gottes in seinen Kindern und seine Wirksamkeit durch sie in der ganzen Welt. Das Ziel gipfelt für mich in der Aussage, daß »Gott will, daß allen Menschen geholfen werde und sie zu der Erkenntnis der Wahrheit kommen«.

INHALT

Überall, wo Leben ist, ist auch Wachstum. Wachstum aber ist verbunden mit Wandlungsprozessen, mit Stufungen, mit Reife und Entwicklung.

Wachsen ist nicht nur eine kontinuierliche Erweiterung des Vorhandenen, sondern es vollzieht sich in Schüben – in Reifungsprozessen und Metamorphosen. Nicht nur die Gestalt wandelt sich, sondern auch das Wesen und – wie wir es von der Wandlung der Raupe zum Schmetterling her kennen – die ganze Lebensart.

Wir sind als Menschen den biologischen Wachstumsprozessen unterzogen. Aber auch unsere geistige Entwicklung geschieht, wenn sie gesund ist, wachstümlich.

Psychische Wandlungsprozesse sind darüber hinaus nicht nur Erweiterung, Vergrößerung des Vorhandenen, sondern vieldimensionale Prozesse, die nicht einfach dem organischen Wachstum vergleichbar sind. Es gibt zwar Analogien aus dem biologischen Bereich für die Prozesse der Psyche, aber sie sind nur Bilder für sonst schwer Vorstellbares.

Während der Begriff »Wachstum« mehr dem Biologischen, Sichtbaren zugeordnet ist, sind »Wandlungen« Vorgänge im Unbeobachtbaren, die deshalb schwerer zu kategorisieren und in bestimmte Raster einzuordnen sind.

Was ein reifer Mensch ist, ist schwer zu beschreiben. Reifungsprozesse sind kaum vergleichbar, doch gibt es Beobachtungen und Erfahrungen, die helfen, die Vorgänge in uns selbst besser zu verstehen.

Während in der frühen Kindheit Wandlungsprozesse sehr stark von den äußeren Bedingtheiten der Umwelt und Erziehung abhängig sind, kann dieser Vorgang mit zunehmendem Alter und zunehmender Reife immer mehr vom Willen des Menschen beeinflußt werden, verliert dadurch jedoch etwas von einer natürlichen, folgerichtigen Selbstverständlichkeit.

Dies gilt besonders auch für die Wandlungen, die im geistig-geistlichen Bereich erlebt werden. Hier scheint nichts mehr »normalerweise« zu gehen. Es gibt keinen Maßstab, an dem man eine dem Lebensalter entsprechende geistig-geistliche Reife messen könnte. Es gibt nicht bestimmte, typische Eigenarten, die jeweils dem neuen Leben entsprächen. An dieser Stelle zeigt sich die Originalität, aber auch die Verantwortung jedes einzelnen für seine Persönlichkeitsentwicklung besonders deutlich.

Das größte Hindernis für Wandlungen ist unsere natürliche Trägheit, die Angst vor Veränderung und zutiefst auch die Angst vor einer möglichen Isolierung. Wandlungen führen uns in noch unerfahrene Bereiche unseres Lebens. Sie machen den einzelnen für seine Umwelt schwerer verstehbar und für sich selbst gefährdeter. Verwandelte Menschen sind selten. Jeder reflektierend nachdenkende Mensch kann an sich selbst immer wiederkehrende, typische Denk- und Verhaltensmuster erkennen. Aber auch unsere Umwelt erkennt sie. Allzuoft hören wir: »Das ist typisch! Das war zu erwarten! Das haben wir schon vorher gewußt!« Es ist deshalb nicht verwunderlich, wenn vielfach bezweifelt wird, ob überhaupt eine echte Verwandlung möglich ist, ob die Wandlung zu Reife und Persönlichkeit nicht doch nur eine Illusion ist, ein frommer Wunsch , der einer kritischen Untersuchung nicht standhält. Alle Gewohnheiten und Verhaltensmuster sowie der Erwartungsdruck der Umwelt sprechen gegen einen Wandlungsprozeß. Die meisten Menschen sind eher bereit, sich totzuarbeiten, um die Welt zu reisen, um die ganze Welt zu bekehren, wenn sie sich nur nicht selbst ändern müssen und die Arbeit am eigenen Charakter vermeiden können.

Wandlung wird in dieser Arbeit als Veränderungsprozeß verstanden, der über die natürlichen Wachstumsprozesse des biologisch-geistigen Lebens hinausgeht und zur Reifung der Persönlichkeit führt – zur Reifung, zur Verwandlung des Wesens – und der sein Ziel in nichts Geringerem findet als in der Vollkommenheit, zu welcher uns Jesus in den Evangelien auffordert und von der auch Paulus in seinen Briefen spricht.

»Darum sollt ihr vollkommen sein, wie euer himmlischer Vater vollkommen ist« (Matth. 5,48).
»Ihn verkündigen wir und ermahnen jeden Menschen und lehren jeden Menschen in aller Weisheit, damit wir jeden Menschen vollkommen in Christus vor Gott hinstellen« (Kol. 1,28).

Jeder Wandlungsprozeß stößt auf zwei elementare Widerstände. Einmal ist es die Umwelt, die jeden auf das Bild fixiert, das sie von ihm gewonnen hat und die auf jede Veränderung mit Zweifel und Verdächtigung reagiert.

Noch schwerwiegender aber sind die Charakterstrukturen, die jeder aufgrund der Entwicklungsprägungen in der Kindheit aufgebaut hat und die ihm helfen, mit seiner Angst fertig zu werden, sie also nicht ständig spüren zu müssen.

Antrieb und Bereitschaft zur Wandlung geschehen häufig nur unter großem Leidensdruck, wenn die Lebensbedingungen so bedrückkend geworden sind, daß ein Bleiben-so-wie-man-Ist unerträglich erscheint.

Seltener geschieht Wandlung durch Faszination. Der Nachteil einer durch Leidensdruck erzeugten Wandlung ist, daß Rückfälle in alte Verhaltensweisen häufiger vorkommen als bei Wandlungsprozessen, die durch den Sog einer faszinierenden neuen Möglichkeit entstehen oder durch die Verheißung eines neuen, eines großen Zieles. (». . . daß Gottes Güte dich zur Buße leitet«, Römer 2,4). Wandlungen aus Angst sind weniger stabil als Wandlungen aus der Erfahrung der Liebe.

Jesus bezeichnet den Wandlungsprozeß als Nachfolge. Er nennt auch die Bedingungen, unter denen eine Nachfolge im Sinne der Wandlung nur möglich ist:

»Wer mir nachfolgen will, der verleugne sich selbst, nehme sein Kreuz auf sich und folge mir nach« (Matth. 16,24).

Jesus hat durch sein eigenes Leben und durch seinen Umgang mit den Jüngern einige grundlegende Voraussetzungen deutlich gemacht, an die auch unsere Wandlungs- und Reifungsprozesse gebunden sind, wenn sie auf das Ziel »Vollkommenheit« gerichtet sind. Diese Voraussetzungen in unserer heutigen Sprache verständlich zu machen und in Bildern zu beschreiben, ist Absicht dieser Arbeit. Dabei soll der Versuch gemacht werden, neutestamentliche Begriffe und Bilder mit Ausdrucksformen aus dem Bereich der Humanwissenschaften wie Psychologie, Soziologie und Pädagogik in Verbindung zu bringen.

Wichtig für die Betrachtungsweise dieser Arbeit ist der Unterschied zwischen dem allgemein-menschlichen Ideal der reifen Persönlichkeit in Güte und Weisheit und dem Begriff Vollkommenheit im neutestamentlichen Sinn. Die durch Jesus ermöglichte Vollkommenheit für jeden Menschen zielt auf die Gestaltwerdung Gottes in jedem einzelnen, und dies in einer unendlichen Vielfalt und Originalität.

Paulus sagt von diesem Prozeß, ».. . daß Christus in euch Gestalt gewinnt . . .« (Gal. 4,19). Er umschreibt diese Vollkommenheit in Gal. 5,23 mit den Ausdrücken: Friede , Freude, Geduld, Freundlichkeit, Gütigkeit, Glaube, Sanftmut, Keuschheit (Selbstbeherrschung, Konzentration) als Wesensmerkmale des Geistes, der in dem Menschen , der sich ihm öffnet, die Wesenszüge Christi zum Ausdruck bringt. Das humanistische Ideal von Weisheit und Güte kann in diesen Begriffen als mitverstanden und mitverwirklicht gesehen werden.

Während der natürliche Mensch durch Veranlagung und Prägung in seinen Entwicklungsmöglichkeiten begrenzt ist, gewinnt der, der sich dem Geist Gottes öffnet und sich diesem Gestaltungsprozeß aussetzt und ihn bewußt mitvollzieht, eine über seine natürlichen Möglichkeiten hinausgehende Chance.

Das Neue Testament macht deutlich, daß der Beginn des Wandlungsprozesses im Sinne der Nachfolge zusammenhängt mit einer Erfahrung der persönlichen Berufung. Der Wunsch, sich zu bessern, oder die Suche nach einem tiefen Lebenssinn genügen nicht, in diesen Prozeß eintreten zu können. Ausdrücke wie Wiedergeburt, Bekehrung oder Buße-tun machen das existentielle Betroffensein deutlich, das am Anfang des Weges steht, von dem Jesus sagt, daß Er der Weg sei. Der Anfang des Weges ist noch nicht das erreichte Ziel, und die Berufung ist noch nicht die Antwort auf den Ruf – und doch hat damit schon die neue Wirklichkeit begonnen. Wandlung unter dem Horizont der Vollkommenheit bedeutet, aus der Ganzheit und auf die Ganzheit hin zu leben. Vollkommenheit, Ganzheit, Heil sind Ausdrücke, die das neue Leben in seinem Inhalt beschreiben. Sie beschreiben nicht das Ende eines langen Veränderungsprozesses, sondern sind bereits von dem Augenblick der Bejahung des Nachfolgerufes an Wirklichkeit.

Anfang, Weg und Ziel sind verwirklicht in Jesus. Wer sich auf ihn einläßt, wer mit Ihm selbst, mit seinen Kräften rechnet, erfährt diese Vollkommenheit. Mit Ihm kommt der Himmel auf die Erde. In Ihm versöhnen sich Schöpfer und Geschöpf. Deshalb gehorchen Ihm die Kräfte der Natur, Ihm dienen die Engel des Himmels. Er befreit alle Kräfte des Bewußten und Unbewußten und stellt sie in Dienst.

Sein Zeichen und das Symbol seiner Wirklichkeit ist das Kreuz. Ursprünglich Mordinstrument, Symbol der Vernichtung, wird es durch Ihn zum Heilszeichen. Deshalb sind Wandlungen im Sinne der Nachfolge Jesu immer unter dem Zeichen des Kreuzes zu erfahren.

»Wer sich wandeln will, der nehme sein Kreuz auf sich.« So werden die negativen Aspekte der Persönlichkeit nicht unterdrückt oder verdrängt, sondern erkannt, angenommen und in den Dienst der Wandlung genommen.

Jesus ist nicht der Asket, der Triebe unterdrückt – nicht der Neurotiker, der sie ins Unbewußte verdrängt. Er lebt souverän mit den Kräften aus seiner Natur. Im Genießen und Verzichten, in Gemeinschaft und in Einsamkeit, in Freundschaft und in Distanzierung ist Er der ganze, heile Mensch, in dem Gott voll zur Verwirklichung gekommen ist. Ihm nachzufolgen heißt nichts weniger, als so zu werden wie Er. In Ihm ist alles, was getrennt war, integriert.

1. KAPITEL

Mit Grenzen leben lernen

Grenzerfahrungen sind nötig zur Selbsterfahrung. Erst in der Begegnung mit den Grenzen meiner Gaben, Kräfte und Möglichkeiten werde ich meiner selbst bewußt und lerne, ja zu sagen zu dem mir eigenen Leben. Auch die Grenzen, die mir von der Umwelt aufgezwungen werden, nötigen mich zu dieser Selbsterfahrung, wenn ich nicht resignativ zurückgehen oder depressiv in mich versinken will und damit die Grenzen leugne. Erst am Widerstand, an der Belastung, an der Grenze entsteht eine Chance, zu wachsen und stark zu werden. Ein Muskel kann nur durch Belastung trainiert und damit gestärkt werden. Der Wille bildet sich am Nein der Umwelt, und auch die geistigen Fähigkeiten wachsen durch die Zumutungen und Herausforderungen, die an das Denken und Nachdenken gestellt werden. Die Ichgrenze – und damit die spätere Willensfähigkeit und Willensstärke – entsteht durch die Ichbegrenzung durch einen anderen, z. B. durch die Mutter, die dem Kind ihren Willen entgegensetzt und es damit herausfordert. Sie gibt ihm so die Möglichkeit, sich in Trotzphasen von ihr abzugrenzen und sich damit selbst zu finden. Geschieht dieser Vorgang in einer liebevollen Atmosphäre, dann sind solche Grenzerfahrungen wertvolle Ermutigungen. Fehlt es dagegen an der guten, mit Liebe erfüllten Umwelt, so werden oft tiefe Frustationen gesetzt, die das ganze Leben beengen und an seiner Entfaltung hindern. Wem alle Schwierigkeiten aus dem Weg geräumt werden, wer keinen Widerstand zu überwinden hat, wer nicht erlebt, daß er nicht allein auf der Welt ist, sondern sich mit anderen arrangieren muß, verliert die Möglichkeit des Starkwerdens und Reifens. Er hat nicht die Trainingsbedingungen, die ihn für den Lebenskampf rüsten.

Ichschwäche – und damit Willensschwäche – ist eine der Ursachen für neurotische Fehlentwicklungen oder für partielle Lebensuntüchtigkeit. Grenzenlose Freiheit ist allerdings ebenso lebensfeindlich wie eine zu starke Einengung oder ungenügender Lebensraum.

Neben den uns durch unsere Umwelt gesetzten Grenzen gibt es die in uns selbst liegenden Widerstände und Einengungen. Krankheit, Behinderungen und Alter sind Grenzerfahrungen, die verarbeitet werden müssen. Grenzen des Intellektes und kreativer Fähigkeiten sind ebenso entscheidend wie soziale Begrenzungen.

Die Reife eines Menschen zeigt sich im richtigen Umgang mit Grenzen. Es gibt drei Möglichkeiten, mit diesen umzugehen:

1. Wir können unsere Grenzen annehmen und sie bejahen
2. Wir können unsere Grenzen überspringen und damit einen Freiraum schaffen
3. Wir können unsere Grenzen erweitern, indem wir an der Entwicklung unserer Fähigkeiten arbeiten.

Grenzen annehmen

Je nach Alter und Charakterstruktur sind wir geneigt, unsere Grenzen zu ignorieren und uns zu überschätzen. Es gibt auch eine permanente Rebellion gegen alle Begrenzungen, die etwas von Unreife an sich hat. Es existieren finanzielle und gesundheitliche Grenzen, weiter solche, die ich mir durch eigene Entscheidung gesetzt habe, wie z. B. die Entscheidung für einen Partner oder für einen Beruf. Wer seine finanziellen Grenzen nicht erkennen will, wird sich selbst und seine Umwelt unter Druck setzen und leiden.

Das Nichtanerkennen der Grenzen wird leider auch im weitesten Bereich unserer Menschheitsgeschichte an der Art und Weise deutlich, in der wir mit unserer Welt umgehen. Unsere Maßlosigkeit und die Unfähigkeit, die Grenzen des Wachstums und des Fortschritts zu erkennen, bringen die Welt an den Rand ihrer Existenz.

Nach dem Erkennen ist der nächste Schritt, die Grenzen zu betrauern.

Der Begriff »Trauerarbeit leisten«, der von Siegmund Freud her bekannt ist, bedeutet kein resignierendes Bedauern, kein Beleidigtsein und Sich-Zurückziehen, sondern eine echte Verarbeitung der erkannten Grenzen. Diese Arbeit müssen wir am stärksten dort leisten, wo wir Verluste erlitten haben; z. B. den Verlust lieber Menschen durch den Tod – durch Kinder, die das Haus verlassen und sich unserm Einfluß entziehen – durch altersbedingte Einschränkungen unserer Lebensmöglichkeiten. Alle diese Erlebnisse erfordern von uns Verarbeitung. Die Fähigkeit , die Verluste in das Bewußtsein aufzunehmen und nicht zu verdrängen, den Schmerz zu erlauben und ihn auszuhalten, gehört zum Verarbeitungsprozeß. Jede solcher Grenzerfahrungen ist auch eine Kränkung unseres narzistischen Grundgefühls, unseres Selbstwertgefühls und muß nicht nur mit dem Bewußtsein, sondern ebenso auf der emotionalen Ebene verarbeitet werden.

Im Neuen Testament finden wir klassische Beispiele für Trauerarbeit: Da weint Jesus über Jerusalem . Sein Wirken hatte nicht den gewünschten Erfolg. Er wird abgelehnt. Oder Petrus – der die Grenzen seines Mutes erfährt und über seine jämmerliche Feigheit weint. Paulus ist drei Tage in Finsternis und Trauer über den Irrtum seines bisherigen Weges.

Wer Trauerarbeit leistet, zieht sich nicht in die Höhle des Selbstmitleids zurück, sondern nimmt die Schmerzen über den erlittenen Verlust an, um einen neuen Standort zu gewinnen, von dem aus er zu einer neuen Freiheit finden wird. In dieser neuen Freiheit kann er auch bejahen, was ihm nach dem Verlust an Zeit und Kraft und Möglichkeiten noch geblieben ist. Er beginnt sein Leben neu zu gestalten.

Die Folgen mangelhaft geleisteter Trauerarbeit zeigen sich in Resignation und Depression, in Neid, Eifersucht, Mißgunst, Haßgefühlen sich selbst und anderen gegenüber und in einem permanenten Aufbegehren gegen die Verhältnisse, die sich aus Verlust und Einengung ergeben haben. Auf diese Weise geht ungemein viel Kraft verloren, und mancher leidet an seinen unverarbeiteten Grenzen wie an einer inneren Blutung.

Nach dem Abtrauern des Verlustes müssen die Grenzen bejaht werden, um eine positive Einstellung zu uns selbst zu gewinnen und eine neue Energie, das, was wir innerhalb unserer uns verbliebenen Möglichkeiten noch haben, voll zu nutzen. Grenzen bejahen ist die Fähigkeit, nicht nur das noch Notwendige zu leisten, sondern das noch Mögliche zu gewinnen.

Grenzen überspringen

Wir begegnen auch Situationen, in denen uns Grenzen gesetzt werden, die wir nicht annehmen und auch nicht anzunehmen brauchen, sondern die uns herausfordern, unsere Kräfte zu sammeln, um die Grenzen zu überspringen.

Das Neue Testament zeigt uns auch hier wieder eine Fülle von Beispielen, in denen Menschen die Mauern ihrer sozialen und geistigen Grenzen überspringen und damit für ihr Leben ganz neue Dimensionen gewinnen. Genaugenommen gilt das für alle Jünger Jesu, für die Männer und Frauen der ersten Stunde. Keiner von ihnen war von den natürlichen Voraussetzungen her dazu geeignet, weltweite Bedeutung zu gewinnen. Das hat ihnen sogar der über ihr Auftreten erstaunte Hohe Rat bescheinigt – daß sie Laien und einfache Leute seien. Sie haben keine Schule besucht und doch später Bücher geschrieben. Sie haben sich in geistige Auseinandersetzungen gewagt und mit ihren Erfahrungen und Erkenntnissen die Grundlagen der damaligen Welt erschüttert. Sie haben die Wirklichkeit des Psalmwortes bewiesen:

»Mit meinem Gott kann ich über Mauern springen« (Ps. 18,30). An Jesus und dann durch Ihn haben sie die Realität einer charismatischen Existenz erlebt. Mit Wundern zu rechnen, hatten sie keine Schwierigkeiten mehr. Was sie bei ihrem Meister gesehen und gelernt hatten, konnten sie auch ohne seine sichtbare Gegenwart fortsetzen. Ganz praktisch erfuhren sie die Erfüllung der Verheißung:

»Blinde sehen und Lahme gehen,

Aussätzige werden rein und Taube hören,

Tote stehen auf, und Armen wird das Evangelium gepredigt« (Jesaja 35,5; 61,1; Matth. 11,5).

Es war ein Grenzen überspringender Glaube, den Jesus bei allen, denen er begegnete, weckte und herausforderte. Und wenn Jesus einen Kranken fragte:

»Willst du gesund werden?«

»Was willst du, daß ich dir tun soll?«

»Glaubst du, daß . . .«,

dann waren auch diese Menschen aufgerufen, über die Mauern ihres Unglaubens und ihrer Zweifel zu springen.

Manchmal beginnt die neue Dimension auch mit dem mutigen Entschluß, nein zu sagen zu Ansprüchen und Forderungen der Umwelt, die ungerechtfertigt sind und die nicht mit unserer inneren Überzeugung oder Wegführung übereinstimmen. Das kann bedeuten, seinen Beruf aufzugeben und etwas Neues zu versuchen mit dem

Mut, seinen Standort zu verlassen und trotz Unsicherheit und Gefährdung einen neuen Ausgangspunkt zu gewinnen. Das schließt u. U. das Risiko ein, zu leiden und Einsamkeit auszuhalten.

Es gibt gesellschaftliche Zwänge, die wir, wenn wir sie geprüft haben, vielleicht als unberechtigt ablehnen müssen – Rollenerwartungen von seiten der Gemeinde, unserer beruflichen oder nachbarschaftlichen Umwelt – Erwartungen, die wir nicht annehmen, sondern verweigern.

Der Nachfolgeruf Jesu hat Menschen immer wieder ermutigt, sich über bestimmte Ansprüche hinwegzusetzen – z. B. den Vater zu begraben, von Freunden Abschied zu nehmen oder sich durch eine berufliche Karriere binden zu lassen. Wer mit Gott die eigenen Grenzen überspringt, muß allerdings auch aufhören, andere für die Folgen verantwortlich machen zu wollen. Er braucht die Bereitschaft, die Konsequenzen für sein Handeln zu tragen.

Die Grenzen zu überspringen, ist ein Merkmal der charismatischen Existenz: Ich wage, die Grenze meiner Begabungen zu überspringen und mich für neue Begabungen zu öffnen, indem ich sie erprobe. Ich überspringe die Grenzen meiner Vorstellungen und warte im Glauben auf neue Möglichkeiten. Vielleicht ist es die Grenze meines Images, das ich mir aufgebaut habe oder das mir von der Umwelt aufgeprägt worden ist. Ich gebe es unter Umständen auf und treffe Entscheidungen, die für alle, die mich kennen, völlig überraschend sind. Ich springe über die Grenzen meiner Angst und wage etwas bisher noch nie Gewagtes in dem Glauben, daß Gott Wollen und Vollbringen schenkt. Hier ist nicht einem blinden Glauben oder religiösem Fanatismus das Wort geredet, sondern es geht um die Erfahrung der Grenzüberschreitung als Antwort auf eine innere Berufung.

Grenzen überschreitende Erfahrungen sind Erfahrungen der Grenzen sprengenden Liebe Gottes. Sie können dort erlebt werden, wo die Begegnung mit Gott, der alle Menschen und alles Leben und alle Welt liebt, die Fesseln des Denkens und des eigenen Herzens sprengt und damit neue Räume öffnet. Dieser Schritt führt in eine Freiheit ohne Erfolgsgarantie und bedeutet manchmal Verzicht auf Anerkennung und Applaus, aber er schenkt oft die Erfahrung einer neuen Identität.

Wer die Erfahrung dieser Grenzen überschreitenden Liebe Gottes einmal gemacht hat, wird trotzdem wieder an neue Grenzen stoßen und erneut an die Aufgabe der Trauerarbeit herangeführt werden. Er wird erleben, daß nach großen Sprüngen wieder kleine Schritte nötig sind, um nicht in der Grenzenlosigkeit verlorenzugehen.

So wie es einen Glauben gibt, der sich in Treue und Geduld bewährt, so gibt es einen Glauben , der kühn mit den Auferstehungskräften Jesu rechnet.

Grenzen erweitern

Die meisten und die schwierigsten Grenzen liegen in uns selbst. Das sind die Grenzen unseres Charakters. Unser Charakter, den wir im Laufe des Lebens entwickelt haben, ist eine Form der Angstabwehr. Der Unterbau für unsere Charakterstruktur wird durch die uns eigene, typische Angst gebildet. Von Geburt an bestimmen Ängste unser Leben. Jeder erfährt seine spezielle Angst entsprechend seiner Konstitution und seiner speziellen Familienkonstellation. Angst entsteht durch unverständliches und unbegreifliches Bedrohtsein des Lebens – sei es durch die Ablehnung oder Kälte der Umwelt, in die wir hineingeboren werden, oder durch Vernachlässigung unserer elementarsten Bedürfnisse nach Wärme, Gesättigtwerden und Geliebtsein. Angst entsteht durch eine rigide Erziehung, die mit Liebesentzug oder Strafe droht, ebenso wie durch übergroßes, unangemessenes Lob, das uns abhängig macht, weil es zu einem Verhalten verführt, das durch Anpassung und Liebsein Anerkennung und Lob garantiert. Angst entsteht auch dort, wo wir unser Geschlecht entdecken und verunsichert werden im Blick auf die Rolle, die wir als Mann oder als Frau einmal spielen sollen, weil die Erziehungsperson uns kein schützendes oder ermutigendes Vorbild für die Geschlechtsrolle gibt, die wir einmal spielen sollen.

Wir unterscheiden uns voneinander durch die unterschiedliche Art der Angstverarbeitung; wir bewältigen oder wir verdrängen sie – wir entwickeln Mut, trotz der Ängste das Leben zu riskieren, oder wir ziehen uns zurück und geben uns Minderwertigkeitsgefühlen hin, die unsere Lebensentwicklung beeinträchtigen. Die Kraft, die wir zur Abwehr der Angst gebrauchen, fehlt uns als Energie zur Entwicklung der Persönlichkeit und zur Reife. Als Angstabwehr entwickeln wir oft Hemmungen oder auch Überaktivitäten. Die Folgen sind nicht selten körperliche Störungen oder starres Denken bis zu Gesetzlichkeit oder auch Flucht in die Routine. In jedem Fall führt ein falscher Umgang mit der Angst zu Entwicklungsstörungen, die uns davon abhalten, das Leben zur Entfaltung zu bringen.

Wandlungsprozesse zur Reifung der Persönlichkeit und zur Identitätsfindung sind da möglich, wo wir die Ursprünge unserer Angst erkennen und die daraus entwickelten Strukturen. Wenn wir den Mut entwickeln, trotz dieser Ängste zu leben, zu handeln und dadurch unsern Charakter zu verändern, können wir die in uns liegenden Fähigkeiten entfalten.

Bedrohlich für das Leben sind die verdrängten Ängste, weil sie eine Bearbeitung unmöglich machen. Diese Verdrängungen bilden Schatten in unserer Seele, die die unbewußten und unerkannten Seiten unserer Persönlichkeit immer mehr verdunkeln, bis wir schließlich mit immer geringer werdender Selbsterkenntnis uns selbst im Schatten stehen und am Leben vorbeileben.

Die Angststrukturen beeinflussen aber nicht nur den Umgang mit unserer Umwelt und mit uns selbst, sondern auch unser Leben mit Gott und seinem Wort. Deshalb kann auch die Frömmigkeit zu einer Verstärkung der Charakterstruktur beitragen und das Leben, statt es zu fördern, weiter und intensiver verhindern. Aus diesem Grund wirken manchmal fromme Menschen unlebendiger als ihre nicht-frommen Mitmenschen.

Grenzen erweitern ist also ein Vorgang, der zunächst mit der Einsicht in meine spezifische Angststruktur und dem schrittweisen, mutigen Wagen von neuen Erfahrungen zusammenhängt. Der innere Prozeß beginnt da, wo ich die durch meine Charakter-Angst- Struktur bedingten Verhaltensweisen erkenne. Dazu gehören sowohl meine Urteile und meine Ideale als auch meine Abneigungen und Bevorzugungen, Sympathien und Antipathien. Ebenso sind auch meine Freund- und meine Feindbilder und die Sorgen, die ich mir mache, typischer Ausdruck meines Charakters.

Zur Wandlung durch Grenzerweiterung muß ich deshalb nicht nur die kleinen Schritte entgegen meiner bisherigen Festlegung tun, sondern vor allem auch zu einer neuen Wertung der bisherigen Urteile kommen. Der Ordnungstyp wird lernen müssen, die angstmachende Freiheit zu wagen. Der Distanzierte wird üben, Nähe auszuhalten. Wer die Freiheit hingegen schon in vollen Zügen genießen kann, sollte einmal Verantwortung und Einordnung kennenlernen. Wer immer und überall Nähe gesucht hat, wird erfahren können, daß er auch Distanz und Einsamkeit aushalten kann.

Die eben beschriebenen drei Umgangsformen, mit Grenzen leben zu lernen, entsprechen den drei Erfahrungen von Sterben, Auferstehen und Wachsen. Diese Erfahrungen laufen nicht zeitlich nacheinander ab, sondern sie verlaufen oft gleichzeitig. Ich werde immer wieder an Grenzen stoßen, die ich annehmen muß, während andere Grenzen zu überspringen sind und wieder andere nur durch beharrliche Arbeit erweitert werden können. Durch diese Prozesse geschieht Wandlung und Reifung des Charakters.

Der Umgang mit Grenzen erfordert die helfende und heilende Gemeinschaft, in der ich sein darf, wie ich bin, und in der ich mich kennenlernen kann in meinen Eigenheiten, Schwächen und in meiner Unreife – in der ich aber nicht bleiben muß, wie ich bin. Die Gemeinschaft bietet mir ein Übungsfeld an, in dem ich mit meinen Grenzen umgehen lerne. Daß solche Prozesse mit Leiden und Schmerzen verbunden sind, sollte uns nicht entmutigen.

Fritz Künkel sagt: »Keiner erlebt eine bemerkenswerte Veränderung seiner Persönlichkeit oder Lebenssituation, bis er nicht durch einen Schmerz dazu motiviert wird.«

Rollo May formuliert es so: »Wir sollten uns freuen, wenn wir leiden, so seltsam das auch klingt, denn dies ist ein Zeichen für die Energie, die unsern Charakter ändern kann.«

Und Jakobus schreibt im Neuen Testament im 1. Kapitel von Vers 2–4: »Achtet es für lauter Freude , meine Brüder, wenn ihr unter mancherlei Druck geratet und erkennt, daß die Erprobung eures Glaubens Geduld wirkt. Die Geduld aber soll ein vollkommenes Werk zur Folge haben, damit ihr vollkommen und ganze Leute seid, die in nichts einen Mangel zeigen.«

2. KAPITEL

Wandlungen oder Verbesserungen?

Was kann sich überhaupt in unserm Leben wandeln?

Sind nicht alle Veränderungen letztlich nur mühsame Versuche, das Vorhandene zu verbessern?

Wandlung soll hier nicht verstanden werden als Verbesserung der Lebensfähigkeiten, sondern als ein Qualitätssprung des Lebens überhaupt. Es geht nicht um natürliches Leben an sich, sondern um ein erfülltes Leben. Jesus nennt das: »Leben und volles Genüge haben« (Joh. 10, 10). Er meint damit ein Leben von einer anderen Qualität, das unmittelbar mit Ihm, der sich selbst das Leben nennt, in Zusammenhang steht.

Unser Körper kann diese Wandlung nicht erfahren. Wir können ihm »keine Elle zusetzen«. Wir können zwar Körperkräfte wecken und trainieren – es gibt erstaunliche Reserven, die noch in uns ruhen und die in den meisten Fällen nie abgerufen werden. Wir sehen das bei Leistungssportlern. Jeder Mensch ist zu sehr viel mehr Leistung fähig, als er im Laufe seines Lebens aus sich herausholt. Und doch wäre diese Leistungsverbesserung nicht die Wandlung, von der hier gesprochen wird.

Auch die Kräfte unserer Seele sind bei weitem nicht genutzt. Jeder von uns hat Gaben, die noch schlummern und die geweckt und gestaltet werden könnten. Ebenso sind die Fähigkeiten unseres Intellekts nur zu einem geringen Teil in Anspruch genommen. Der Mensch kann bis ins hohe Alter hinein mit seinem Verstand immer neue Bereiche erobern und kennenlernen. Wir leben alle weit unter unsern geistigen Möglichkeiten. Doch sind auch alle geistigen Hochleistungen nicht das, was mit dem Qualitätssprung gemeint ist, denn wir bleiben auch hierbei immer dieselben – vielleicht verbessert, disziplinierter, beherrschter, ausgeprägter, originaler, aber eben doch die alten Menschen, die nicht in der Lage sind, so zu leben, daß darin eine neue Wirklichkeit sichtbar würde.

Leben ist nicht gleich Leben – so wie Lieben nicht gleich Lieben ist. Es gibt sehr viele Ausdrucksformen, die wir unter dem Begriff Liebe zusammenfassen. Doch es gibt eine Qualität der Liebe, die nicht aus dem menschlichen Bereich stammt, sondern Anbruch der Ewigkeit ist. Paulus beschreibt sie in 1. Kor. 13 im Hohen Lied der Liebe.

Wie kommt es zu Wandlungen, bei denen es sich nicht um Verbesserungen einer an sich schon guten Qualität handelt, sondern um eine neue Art zu leben, zu lieben und zu glauben?
Es geht um die Erneuerung des Geistes.

> ». . . nach seiner Barmherzigkeit rettet er uns durch das Bad der Wiedergeburt und durch Erneuerung des Heiligen Geistes« (Titus 3,5) oder:
> »Ist jemand in Christus, so ist er eine neue Kreatur« (2. Kor. 5, 17).

Diese neue Kreatur kann in unserm ursprünglichen Wesen Gestalt werden. Sie hat die neue Qualität.

Suche ich diese neue Qualität, will ich wirklich Wandlung, dann mache ich mich wieder auf und suche von neuem nach einer Antwort auf das Woher und auf das Wozu unseres Daseins.

Der natürliche Mensch, von dem Paulus sagt, daß er nichts vom Geist Gottes vernimmt, hat seinen Ursprung im Biologisch-Naturhaften. Das Neue , das durch die Wandlung und durch die Erneuerung aus dem Geist beginnen soll, hat seinen Ursprung im Heilshandeln Gottes, ist die Eingießung des Geistes in das Fleisch, in das von Natur her bereits Vorhandene.

In Jesus ist das Wort (Geist) Fleisch geworden. (Joh. 1, 1).

Der natürliche Mensch wird von Paulus als lebendige Seele beschrieben – der neue Mensch, der die Wandlung erlebt hat, als lebenspendender Geist (1. Kor. 15, 45).

Auch Jesus gebraucht Bilder, die diesen neuen Ursprung verdeutlichen:

> »Es sei denn, daß jemand geboren werde aus Wasser und Geist, so kann er das Reich Gottes nicht sehen« (Joh. 3, 5).

Ausdrücke in der Bibel wie »geboren von oben« oder »Quelle , die ins ewige Leben sprudelt« machen klar, daß es sich nicht um Veränderung im Sinne der Verbesserung handelt, sondern um die neue, bisher noch nicht dagewesene Qualität.

Das ursprüngliche, naturhafte Leben entwickelt sich unter einem Druck von innen, der in jedem lebenden Wesen wirksam ist – einem Druck zur Expansion, zur Befreiung, zur Ausweitung des Lebens, der

Lebensfähigkeit und der Lebensbereiche. Das neue Leben hingegen entwickelt sich wie unter einem Sog von oben. Jesus spricht hiervon auch bildhaft:

> »Wenn ich erhöht sein werde, werde ich sie alle zu mir ziehen« (Joh. 12, 32).

Während sich der natürliche Mensch nur durch Macht und Gewalt und durch starkes Aufbegehren gegen die bedrückenden und einengenden Verhältnisse weiterentwickeln kann, wird der neue Mensch in seiner Entwicklung durch den Geist Gottes gezogen, dessen Wesen sich von den naturhaften Kräften durch Geduld und Sanftmut, Freundlichkeit, Zartheit und Erleuchtung unterscheidet. Wie die Sonne das Leben weckt und lockt, so sind die Kräfte des Heiligen Geistes ziehende, erweckende, von innen befreiende Kräfte, die nicht von Triebansprüchen, von Macht und Selbsterhaltungswillen bestimmt sind. Es ist der Unterschied von Natur und Geist.

Es geht bei den Qualitätsunterschieden nicht um gut oder schlecht, um richtig oder falsch, sondern um natürlich oder geistlich. Das Natürliche ist nicht notwendig böse, sondern nur unzureichend für das Reich Gottes. Die natürlichen Kräfte und Entwicklungsstadien sind nötig, um das Menschsein zu erreichen und zur Persönlichkeitsreifung zu kommen. Die geistlichen Kräfte sind dazu da, die Gotteskindschaft zu gewinnen und damit Bürger eines neuen Reiches zu werden.

Ein Kind muß sich natürlich in verschiedenen Trotzphasen und Entwicklungsstufen von den Eltern und der Umwelt frei machen. Es muß sich abgrenzen, damit es zu sich selbst kommen und eine eigene Persönlichkeit und Individualität entwickeln kann. Dieser Prozeß, der sich über die Pubertät hinaus in den verschiedenen Altersstufen fortsetzt, ist nötig, um die menschlichen Kräfte und Qualitäten hervorzubringen und die vorhandenen Begabungen zu entfalten.

Auch das geistliche Leben hat Entwicklungsprozesse, in denen Abgrenzungen nötig sind, damit sich die geistliche Persönlichkeit entfalten kann. Aber dieser Prozeß geschieht nicht durch gewaltsame Kräfte und Eruptionen, auch nicht durch Kräfte aus dem unbewußten und biologischen Potential, sondern von oben her, d. h. aus dem Bereich göttlicher, übernatürlicher Qualitäten.

Der natürliche Mensch hat sich und seine Selbstverwirklichung zum Ziel, der geistliche Mensch sieht in der Selbstverwirklichung eine Verwirklichung Gottes in sich und durch sich.

Wandlung bedeutet nun aber nicht, daß sich die Entwicklungsprozesse des neuen Menschen unabhängig von den Reifungsstufen des natürlichen Menschen vollziehen. Wandlungen sind Prozesse, die den ganzen Menschen, das ganze Leben umfassen. Auch im Wandlungsprozeß des Geistlichen werden die natürlichen Entwicklungsstufen nicht ignoriert.

Geistliche Reifung und kreatürliche Reifung müssen Hand in Hand gehen. Der mündige Christ wird die geistliche Dimension in sein gesamtes Leben hineintragen und sie darin entwickeln. Der Geist zerstört nicht die Natur, er hilft ihr zur Befreiung und Gesundung.

Am Leben Jesu wird deutlich, daß der Begriff »Wandlungen« mit »wandeln« zusammenhängt. »Wandeln« hat wiederum seinen Ursprung in »wandern». Jesus macht sich auf einen Weg.

Dieser Weg Jesu ist gekennzeichnet durch zunehmende Abgrenzungen von all den Zwängen, die von Natur aus seine Wandlungen beeinträchtigt und verhindert hätten.

Das beginnt mit der Abgrenzung von seinen Eltern. Wir erleben ihn schon mit 12 Jahren im Tempel, wie er sich auf seine geistliche Sohnschaft, auf seine Beziehung zu seinem himmlischen Vater beruft – und dann noch deutlicher mit dem Beginn seines Missionsauftrages und seiner Taufe, wie er sich von dem fürsorglich-liebevollen Einfluß seiner Mutter und seiner Geschwister löst (Joh. 2, 4; Luk. 8, 18–21).

Er läßt dies in aller Deutlichkeit nach außen spürbar werden. Er grenzt sich auch von seinen Jüngern ab, wo sie ihn von seinem Auftrag und Weg abhalten wollen – von Petrus z. B., der verhindern möchte, daß sein Meister stirbt (Matth. 16, 23).

Jesus grenzt sich auch von den kollektiven Zwängen der Menge ab, die von ihm Brot und Heilung erwartet. Er dient dieser Menge zwar in großer Freiheit und in hingebender Liebe, läßt sich aber nicht von ihr bestimmen. Als die Jünger zu ihm kommen und sagen : »jedermann sucht dich«, ist das für ihn kein Grund, auf das Bedürfnis der

Masse einzugehen. Genauso entzieht er sich dem Zugriff der begeisterten Menge, die ihn zum Brotkönig machen will.

So grenzt er sich auch gegen seine religiöse Umwelt mit ihren religiösen Vorschriften ab, indem er z.B. gegen das Sabbatgebot verstößt. Er stellt dem »was den Alten gesagt worden ist« ganz deutlich sein »Ich aber sage euch« entgegen und beweist großes, inneres Selbstbewußtsein, indem er sich als »mehr« und »größer als Abraham« bezeichnet.

Noch im Gespräch mit Pilatus macht er deutlich, daß er nicht unter der Macht römischer Politik steht, daß er nichts gezwungenermaßen über sich ergehen läßt, sondern es in Freiheit auf sich nimmt. Er hätte andere Möglichkeiten gehabt – nach seinen Worten zwölf Legionen Engel, die ihm zur Verfügung standen.

Jesus bleibt in der Wandlung auch im Blick auf seinen Weg und die jeweiligen Zielsetzungen. Er ist nicht festgelegt, sondern in ständiger Bereitschaft und Offenheit für die Situation, für den sich wandelnden Auftrag. Zuerst sieht er sich nur zu Israel gesandt; zunehmend wird mit der Ablehnung durch die Führer seines Volkes sein Weg frei zu allen Menschen – zum heidnischen Hauptmann und zu der Frau aus Sidon bis zu den Griechen beim großen Fest in Jerusalem.

Vielleicht geschieht beim Leidensprozeß in Gethsemane die tiefste Umwandlung in seinem Leben. Hier weint er nicht mehr wegen der hoffnungslosen Lage der Stadt Jerusalem und ihrer Bewohner, sondern hier ist er selbst zutiefst konfrontiert mit allem, was auch in ihm an Menschsein liegt. Er erfährt in seinem Sterben das tiefste Geheimnis der Wandlung als Verwirklichung der Liebe Gottes.

Jesus ist also unterwegs als ein »Wandelnder«, als ein Lernender, der nicht schon von Anfang an fertig ist und aus einer Perfektion heraus die menschlichen Wege geht, um uns als Menschen nahe zu sein. Er ist so sehr Mensch, daß er Wachstum und Reifung und Vollendung an sich selbst erlebt und deshalb zur Nachfolge aufrufen kann. Er ist nicht nur selbst auf dem Weg, sondern er macht sich selbst zum Weg. Sein Vorbild in der Wandlung ist für uns so vorbildlich, weil er wie wir versucht wird, leiden muß, den schmerzhaften Prozeß der Abgrenzung zu vollziehen hat und somit das Leben Gottes in seiner menschlichen Lebensweise ausdrückt.

Wandlungen heißt deshalb für uns nicht, abzuheben von allen menschlichen natürlichen, sogenannten irdischen Bedürfnissen und Entwicklungen – eine »Heiligkeitslaufbahn« zu beschreiten, sondern es geht ganz schlicht darum, einen Wachstumsprozeß anzunehmen, der, vom Geist Gottes kommend, auf die Gestaltwerdung Gottes in unserm persönlichen Leben zielt. Er spielt sich inmitten der Begrenztheit unserer menschlichen Natur ab, in sehr natürlichen, irdischen Verhältnissen, und in einer Gestalt, die jedem von uns eigen ist - in aller leiblichen, seelischen und geistigen Begrenztheit, in Angst und Widerstand.

Wer die natürlichen Entwicklungsstufen und -notwendigkeiten ignoriert, wird auch im Bereich der geistlichen Persönlichkeit keine Wandlungen erfahren.

3. KAPITEL

Wandlung der Persönlichkeit am Beispiel der Nachfolge

> »Wer mit mir gehen will, der verleugne sich selbst, nehme sein Kreuz auf sich und folge mir nach« (Matth. 16,24).

»Wer mit mir gehen will . . .«

Gemeint sind Menschen, die nicht so bleiben wollen, wie sie sind, sondern solche, die bereit sind, sich auf einen Weg zu machen, ihren derzeitigen Standort zu verlassen und in einen Wandlungsprozeß einzutreten, der sie im Sinne der geistlichen Persönlichkeit verändert. Jesus spricht den Willen an, wenn er sagt: »Wer mit mir gehen will . . . « Damit trifft er den Kern der Persönlichkeit, die Stelle, aus der heraus wir allein bewußt und frei entscheiden, ob wir so bleiben, wie wir sind, oder ob wir die Chance zur Veränderung annehmen wollen.

Und doch verfügen wir nicht allein über diese Entscheidung. Sie ist abhängig von dem Angerufen- und Angesprochenwerden. Sie ist immer eine Antwort auf die Begegnung mit Jesus und seinem Geist. Nicht für jeden ist diese Begegnung mit dramatischen Umständen verbunden oder mit starken emotionalen Eindrücken, doch ist es wichtig, zu begreifen, daß es um eine Veränderung des Lebens geht und um einen Willensentschluß. Halbherzige, nur emotionale oder unter Druck entstandene Entschlüsse sind oft nur von kurzer Dauer und führen in eine Enttäuschung an sich selbst und am Evangelium, an Gott und am Christsein überhaupt.

Der Anruf zur Wandlung, zur Veränderung, ist kein einmaliges Ereignis, sondern er geschieht immer wieder neu in wichtigen Fragen, in den »Sternstunden« des Lebens – bei dem einen in der Stille des Gebets, bei dem andern beim Hören einer Predigt oder beim Lesen eines Textes, vielfach auch in der Begegnung mit einem anderen Menschen, dessen Leben zum Anlaß wird, selbst konsequenter leben zu wollen. Wichtig ist, daß diese Entscheidung nicht ein gedanklicher Vorgang bleibt oder ein Gefühl des Betroffenseins, sondern daß sie sich in der Mitte der Person bildet und daß sich dieses »ich will« zu einer Entschlossenheit verdichtet, die weit mehr ist als das übliche »ich-würde-ja-gern« oder »ich-möchte-wohl-schon« oder »ich-sollte-eigentlich«.

Die Ichfindung, dieser lebenslange Prozeß der Verdichtung und Abgrenzung im Zentrum der Persönlichkeit ist ständig bedroht durch die Triebkräfte mit ihren Ansprüchen einerseits und durch die Anpassungsansprüche unserer Umwelt andererseits. Aber auch die in uns internalisierten Autoritätspersonen, die wie Götter in unserm Innern thronen mit ihrem »du sollst« und »du darfst nicht« und »man tut das« und »man läßt das«, bedrohen unser Ich. Keine Autorität von außen hätte Macht über uns, wenn ihr nicht schon von innen ein Thron bereitet wäre, von dem aus sie unser Leben mitregiert.

»Ich will mit dir gehen« bedeutet eine Absage an alle Autoritäten und Machtansprüche im Innern unserer Person. Es ist eine Absage an allen geheimen Götzendienst – an die Götzen der Moral, der gesellschaftlichen Verpflichtungen, an die angemaßten und sich selbst auferlegten Verantwortungen. An die Stelle dessen tritt ein Sich-selber-Ernstnehmen in der Einmaligkeit des Geschöpfes, das von Gott geschaffen ist zu einer unauswechselbaren Originalität – ein Ernstnehmen der Berufung, die mich persönlich trifft, ganz speziell mich, in meiner jetzigen Situation – und eine Entschlossenheit, in diesem Augenblick nichts für wichtiger zu halten, als diesem Ruf mit aller Entschiedenheit zu folgen.

». . . der verleugne sich selbst«

Kaum ein Satz des neuen Testamentes ist mehr mißverstanden und mehr mißbraucht worden als dieser. Vielleicht ist es gut, zunächst einmal klarzustellen, was Jesus hier nicht sagt. Er sagt nicht : ». . . der verleugne sein Selbst.« Selbstverleugnung kann nicht als Ignorieren der eigenen Persönlichkeit, als ein Sich-Verachten, als ein Sich-nicht-mehr-wichtig-Nehmen verstanden werden. Ebensowenig ist das Nur-für-andere-Dasein, das Sich-total-Auflösen und Verzehren im Dienst für andere Menschen oder für eine Idee gemeint. Selbstverleugnung ist auch kein pseudodemütiges Negativdenken über die eigene Person und ihre Unwürdigkeit. ». . . der verleugne sich selbst« beinhaltet zunächst eine Absage an all die mich zu Unrecht beanspruchenden Meinungen, Kräfte, Verpflichtungen, Aufgaben, Beziehungen, die mein Selbst und meinen Selbstwert bisher bestimmt haben. Das kann bedeuten, daß ich jemandem, der mich besuchen, mich anrufen oder sonst etwas von mir will, sagen muß: »Ich bin jetzt nicht für dich zu sprechen, ich bin nicht für dich zuständig.« Ein Chef hat vielleicht eine Sekretärin, die ihn in unangenehmen Situationen einfach verleugnet, indem sie sagt: »Er ist leider nicht zu sprechen!« Darum geht es hier nicht. Ich lasse mich nicht durch irgend jemanden verleugnen, wenn's für mich peinlich wird. Wenn aber ungerechtfertigte Ansprüche an mich gestellt werden, verleugne ich mich selbst.

Es geht darum, den unser Leben beeinflussenden, bedrängenden Kräften die Stirn zu bieten und »nein« sagen zu lernen. So wie das »ich will« ein volles Ja bedeutet zu dem Ruf Gottes, mein Leben in neue Dimensionen zu führen, so ist das Verleugnen ein konsequentes Nein allen hemmenden, zurückhaltenden, bedrohenden und verpflichtenden Kräften gegenüber – durch Personen, die uns bisher bestimmt haben, durch Verhältnisse, die uns festhalten wollen oder durch sachliche Verpflichtungen, die zu einer Macht in unserm Leben geworden sind und die Wandlung verhindern. Ein liebevoller Ehemann, der nicht zuläßt, daß seine Frau sich verändert – oder umgekehrt – kann das ebensogut sein wie treusorgende Eltern, die ihren Kindern nicht gestatten, sich selbständig zu machen. Manchmal sind es religiöse oder politische Mächte, die das Leben bestimmt haben und die nun durch die Selbstverleugnung entthront werden und damit ihr Recht an mein Selbst, an mich selbst, verlieren.

Sich-selbst-Verleugnen heißt so verstanden: ich bin nicht mehr da, nicht mehr zuständig für eine andere Autorität – und sei sie noch so liebevoll und herzlich – als für die, die mich jetzt ins Leben ruft.

Noch deutlicher wird das, was Jesus meint, in den Paralleltexten:

»Wer mir nachfolgen will und nicht absagt allem, was er hat, der kann nicht mein Jünger sein« (Luk. 14, 33);

oder: »Wer nicht haßt Vater und Mutter . . . « (Luk. 14, 26);

oder: »Jeder, der Häuser oder Brüder oder Schwestern oder Vater oder Mutter oder Weib oder Kinder oder Äcker um meines Namens willen verlassen hat, der wird es vielfältig empfangen und das ewige Leben ererben« (Matth. 19, 29).

Jesus hat Petrus und seine Freunde von ihren Familien und von ihrem Beruf weggerufen, ebenso den Matthäus von seinem Zoll. Er hat den reichen Jüngling gefragt, ob er nicht sein Hab und Gut weggeben wolle, um ihm nachzufolgen. Er hat sogar den, der seinen Vater begraben wollte, von seiner Sohnespflicht abgehalten, und dem, der für seine Freunde noch einen Abschied geben wollte, nicht gestattet, seinen gesellschaftlichen Verpflichtungen nachzukommen.

Sich selbst verleugnen ist somit das große, entschlossene Nein, das den einzelnen frei macht, seiner Bestimmung zu folgen, zu sich selbst zu kommen und frei zu sein für den Weg der Wandlung. Nur wer sich gelöst hat von den kollektiven Zwängen seiner Herkunft und seiner Umgebung – wer den Ruf Jesu ganz persönlich für sich als einen Anruf an seine göttliche Bestimmung gehört hat, ist fähig zur Nachfolge im Sinne Jesu. Gott ruft aus Abhängigkeiten, die den Menschen entwürdigen und knechten. Ein Beispiel aus dem Neuen Testament ist das Nein des verlorenen Sohnes, das dieser seinem Dienstherren, seiner Arbeitsverpflichtung – nämlich Schweine zu hüten –, seinem Lebensstil und seinem Freundeskreis gegenüber ausspricht, um sich kompromißlos auf den Weg zu machen, der zu seinem Vater führt.

». . . der nehme sein Kreuz auf sich«

Die Bedeutung des Kreuzes ist unausschöpflich und gewinnt für den, der sich mit diesem Symbol vertraut macht, eine ungeahnte Bedeutung und Kraft. Als Jesus von dem Kreuz sprach, muß das zunächst für die Jünger sehr erschreckend gewesen sein. Sie verstanden darunter nämlich kein religiös verbrämtes Symbol, sondern etwas sehr Reales. Das Kreuz war Zeichen für eine Todesart, für Verurteilung und Aberkennung aller bürgerlichen Rechte, die ein Mensch normalerweise besitzt. Das Kreuz aufnehmen – und zwar freiwillig, wie es in diesem Zusammenhang deutlich wird – ist mehr als ein Bejahen irgendwelcher persönlicher Schwierigkeiten, einer Krankheit oder eines anderen Leides, das betroffen macht und das Leben überschattet. Das Kreuz nehmen bedeutete Jasagen zu einem Todesurteil, zum Ausgestoßensein aus der Volks- und Religionsgemeinschaft, ein Verzicht auf Recht und Gerechtigkeit und ein Verzicht auf jede

Selbstrechtfertigung. Es war – und es ist auch heute – das Jasagen zu
den letzten Konsequenzen, die das Leben in der Nachfolge mit sich
bringen kann.

Dieses Ja zum Kreuz ist ein Ja zur Selbstverantwortung. Während
das Leben der meisten Menschen aus vielen Einflüssen und Fremdbe-
stimmtheiten zusammengesetzt ist, für die sie sich nicht verantwortlich fühlen, wird es nun in die eigene Verantwortung genommen. Ich
will nicht mehr die Fehler und die Schuld bei anderen suchen oder andere dafür verantwortlich machen. Ich sage ja zu den Umständen und
Schwierigkeiten, in denen ich mich befinde, und höre auf, mich selbst
zu bedauern. Oder: Ich verändere die Lage, ganz gleich, was es ko-
stet. Das Kreuz tragen heißt, bis zur letzten Konsequenz – und sei es
der Tod – das Leben selbst zu verantworten. Das, was ich jetzt tue und
entscheide, wohin ich gehe oder was ich unterlasse, geschieht, weil
ich es will, und nicht, weil es mein Schicksal ist.

Jesus hat diese Konsequenz der Freiwilligkeit in der Formulierung
zum Ausdruck gebracht:

»Niemand nimmt mein Leben von mir, sondern ich gebe es von
mir aus (freiwillig) hin. Ich habe Macht, es hinzugeben und habe
Macht, es wieder zu nehmen« (Joh. 10, 18).

Das Kreuz tragen heißt auch Jasagen zum Sünder-sein. Nur Schul-
dige sind verurteilt und müssen die Konsequenzen tragen. Wer das
Kreuz aufgenommen hat, der hat nicht mehr die Möglichkeit und
auch nicht mehr das Bedürfnis, alles gut und richtig zu machen, sich
zu rechtfertigen und andere zu beschuldigen. Wer das Kreuz trägt,
weiß, daß es nicht möglich ist zu leben, ohne schuldig zu werden,
ohne zu leiden und anderen Leid zuzufügen. Er hat es erkannt und bejaht. Er hört auf, die Verhältnisse und Umstände weiter zu beanstan-
den und sich aus der Welt zurückzuziehen, um darin nicht geschä-
digt, befleckt oder mißverstanden zu werden. Wer das Kreuz trägt, ist
auf Gedeih und Verderb dem ausgeliefert, der allein aus dem Tode
retten kann, der allein Sünden vergibt und den Sünder rechtfertigt.
Weil ihm vergeben wurde, ist er nun fähig, auch anderen zu vergeben.

Für jemanden, der das Kreuz trägt, sind die allgemein geltenden

33

moralischen Qualitäten und Richtlinien nicht mehr die entscheidende Instanz.

Wer das Kreuz trägt, ist aber – trotz der Gemeinschaft mit denen, die zu diesem Leben auch ja gesagt haben – in einer letzten Einsamkeit. Er teilt sie mit dem, der als erster das Kreuz getragen hat und der denen, die ihm nachfolgen, versprochen hat, alle Tage bei ihnen zu sein, bis an das Ende der Welt.

Wer das Kreuz mit Jesus zusammen trägt, weiß, daß er leben wird, auch wenn er stirbt, weil das ewige Leben in ihm bereits begonnen hat. Kreuzträger sind dankbare Menschen. Eigentlich schon zum Tode verurteilt, ist für sie alles Gute und Wohltuende, das ihnen begegnet, keine Selbstverständlichkeit, sondern ein Geschenk. Sie sind frei von Ansprüchen und Erwartungen und damit unabhängig von äußeren Gegebenheiten.

Jesus sagt in Lukas 9, 23:

»Wenn jemand mit mir gehen will, verleugne er sich selbst und nehme täglich sein Kreuz auf sich und folge mir nach.«

Dieses »täglich« macht klar, daß das Leben unter dem Kreuz keine Dauerhaltung ist, die man sich einmal angewöhnt und dann für immer beherrscht, sondern daß es sich um eine tägliche Neubesinnung handelt, um ein immer neues Jasagen und Neinsagen.

». . . und folge mir nach«

Jeder, der nachfolgt, hat einen Vorgänger, ein Vorbild – er ist ein Nachahmer. Jesus, der als erster freiwillig das Kreuz getragen hat, wird damit in allem, was er lebte, zum Vorbild, zum Urtyp, der die neue Wirklichkeit des Lebens aus Gott verkörpert. Diese Wirklichkeit kann im Innersten der eigenen Person wie eine Quelle erlebt werden, die uns, wenn sie sprudelt, unabhängig von äußeren Befriedigungen macht.

Nachfolgen heißt nicht nur einen Weg gehen – u. U. weggehen von alten zu neuen Erfahrungen – sondern auch weggeben: Unnötiges abgeben, Ballast loslassen – auch Beziehungen, die hemmen, lösen –

frei zu werden von allem, was festhält, was Besitz ist, was allzu seß-
haft macht und uns auf der Stelle treten läßt.

Nachfolge heißt auch, ein Ziel haben. Jesus nennt uns als Ziel den
Vater. So wie Jesus sich als Weg bezeichnet, so bezeichnet er den Vater als Ziel, das sich schon unterwegs ständig verwirklicht: Christen
sind Menschen, die einen Vater haben und die deshalb Kinder sein
können mit kindlicher Unbefangenheit und mit der Gewißheit, von
ihm versorgt zu werden. Kind-sein und unterwegs-sein machen
deutlich, daß es sich hier um Wachstumsprozesse handelt. Es ist ja ein
Unterschied, ob ich Kind bin als Säugling, als Kleinkind oder auch als
Erwachsener. Ich bleibe immer in einem Kindschaftsverhältnis; und
doch ist die Beziehung wachstümlich und entspricht einem immer
tieferen Verständnis vom Weg, vom Vater und damit vom Ziel.

Die Aufforderung Jesu »Ihr sollt vollkommen sein, wie euer
himmlischer Vater vollkommen ist« (Matth. 5, 48), ist für mich dann
kein unerreichbares Ideal mehr, sondern eine Lebenswirklichkeit, die
aus dem Leben mit dem Vater und aus der Nähe zu ihm möglich wird.
Die himmlische Vollkommenheit besteht nicht in Perfektion, sondern im Werden. Gott hat nichts Statisches d. h. Unlebendiges an
sich, sondern er ist ein Gott, der lebt und gestaltet und der seine Geschöpfe mitbeteiligt an der Gestaltung und Vollendung seiner Welt.

Nachfolge heißt, in der Souveränität zu leben, die aus der Verbindung mit Gott herauswächst. So wie Jesus selbst noch als Kreuzträger
den Mächten der Umwelt, der unsichtbaren Welt und sogar der
Macht des Todes gegenüber souverän war, so können auch die, die
ihm nachfolgen, zunehmend – stückweise – wegweise – schrittweise
diese Souveränität gewinnen. Es ist die Herrschaft über die Kräfte der
eigenen Seele, der Triebe, der inneren Instanzen und Autoritäten. Es
ist die Vollmacht, ja und nein sagen zu können – »ich bin« und »ich
will« oder »ich will nicht«.

Ich kann mich verändern, ein Mich-Wandelnder bleiben im ewigen
Wandlungsprozeß, von dem Paulus schreibt, daß wir, ihn anschau-
end, verwandelt werden von einer Herrlichkeit zur anderen (2. Kor.
3, 17 f.).

4. KAPITEL

Reifung der Persönlichkeit

Jeder Mensch, der geboren wird, ist von Anfang an Person – aber nicht jeder wird im Laufe seines Lebens zu einer Persönlichkeit. Eine Persönlichkeit ist ein Mensch, der alles, was zu seiner Person gehört, in die eigene Verantwortung nimmt, der sich mitgestaltend an der Entwicklung seiner Persönlichkeit beteiligt und unter dessen Einfluß andere Personen angeregt werden, auch in den Prozeß der Persönlichkeitsreifung einzutreten.

Zur Person gehören alle geistig-intellektuellen, psychisch-emotionalen und physisch-körperlichen Kräfte und Gaben – solche, die ich bereits entdeckt habe, und solche, die noch verborgen in mir ruhen und entwickelt werden wollen. Zur Person gehört auch meine Geschichte mit all den Einflüssen, die mein Leben geprägt haben und meine Gegenwart – die Verhältnisse, in denen ich lebe, die Beziehungen, die ich habe, die Kräfte, denen ich mich aussetze. Auch die Zeit mit ihren gesellschaftlichen, sozialen und religiösen Einflüssen und die Zukunft mit meinen Plänen, Wünschen, Hoffnungen und Ängsten gehören zu meiner Person. Auch meine Wirkung, das, was ich in meiner Umwelt auslöse, gehört zu mir, denn die Wirkungen auf andere Menschen haben ja wieder ihre Rückwirkungen auf mich, d. h. sie beeinflussen mich auch.

Zur Persönlichkeitsreifung ist notwendig, daß ich all diese mich bestimmenden Faktoren erkenne, ernst nehme, annehme und in die Gestaltung der Persönlichkeit bewußt einbeziehe.

Die Persönlichkeitsreifung ist ein Prozeß, der nie fertig und abgeschlossen ist, der sich aber doch wachsend auf ein Ziel hin entwickelt. Deshalb ist es unerläßlich, nach den Zielen zu fragen, die meine Person betreffen und auf die ich mich bewußt oder unbewußt ausrichte. Solche Zielsetzungen können sein: der autonome, sich selbst als Maß setzende Mensch; oder der angepaßte, für alle brauchbare Mensch – der mündige, der reife, der gütige, der weise, der bescheidene, der strahlende, der alles überwindende, der vollkommene, der fruchtbare, der kreative, der religiöse oder auf ein Ideal orientierte Mensch oder auch eine Mischung aus den hier aufgezählten Vorstellungen.

Das Maß der Persönlichkeit, die Reife zeigt sich an dem Maß der Entwicklung in den Bereichen des Selbstbewußtseins, der kreativen

Kräfte und der Beziehungsfähigkeit. Es gibt in jedem dieser Bereiche Störungen und Krankheiten. Die Reifung kann nur erfolgen, wenn die Krankheit erkannt und geheilt und damit der Entwicklung wieder Raum und Möglichkeit gegeben wird. Es gibt Verkrampfungen, Hemmungen und Blockaden, Verdrängungen und unbewußte Wiederholungsmechanismen, die das Leben vorprogrammieren und beeinträchtigen. Es gibt Abhängigkeiten von Menschen und Dingen, bei denen sich das ganze Leben wie in einem Strudel dreht und mich nicht vorwärtskommen läßt.

Gerade im Umfeld der Beziehungen spielt das eine große Rolle. Die Möglichkeiten, die wir in der Begegnung mit anderen Menschen haben, sind nie auszuloten. Jede dieser Beziehungen hat eine zu entdeckende unvertauschbare Originalität und kann verbessert und vertieft werden. Mit dem Wachsen der Beziehungsfähigkeit wächst auch die Lebendigkeit und gewinnt das Leben an Farbe.

Reifung des Selbstbewußtseins

Der Säugling lebt unbewußt. Sein Verhalten und seine Reaktionen sind noch weitgehend triebgesteuert. Sein Ichbewußtsein ist noch nicht entwickelt. Erst nach und nach ergreift er Besitz von seinen Fähigkeiten z. B. von der Fähigkeit des Körpers, sich gezielt zu bewegen, zu sprechen, von der Fähigkeit des Intellekts, zu denken und zu reflektieren – bis der heranwachsende Mensch sich seiner selbst mehr und mehr bewußt wird.

Zur Bildung des Selbstbewußtseins gehört wesentlich, daß ich die mich bestimmenden Kräfte kenne und um Ziel und Sinn meines Lebens weiß. Häufig steht das Werden des Selbstbewußtseins unter der drängenden Frage: Wer bin ich eigentlich? Was ist meine Berufung? Was ist meine unverwechselbare Aufgabe in dieser Welt?

Schließlich stehe ich vor der Frage: Wer will ich eigentlich sein? An der Beantwortung dieser Frage entwickelt sich und reift die geistige Persönlichkeit.

Ichbildung

Die Ichbildung erfolgt wie eine psychische Geburt normalerweise im 2.-3. Lebensjahr und geht einher mit der Fähigkeit, sich von seiner Umwelt und den Beziehungspersonen abzugrenzen. Dazu ist das Neinsagen in den verschiedenen Trotzphasen ebenso nötig wie das Sich-lösen von Bevormundungen und die Erprobung der eigenen Kräfte und Fähigkeiten von den einfachsten Bewegungsabläufen her bis zu immer bewußterer Übernahme der Verantwortung für Entscheidungen. Hier entstehen viele Reifungsdefizite. Eine Störung in der Ichbildung kann in neurotischen Fehlhaltungen münden. Ichbildung und Beziehungsfähigkeit stehen in unmittelbarem Zusammenhang. Nur wer lernt, Ich zu sagen, wird später in der Lage sein, auch Du zu sagen. Für diese Entwicklungsprozesse sind eine liebevolle Annahme, eine Atmosphäre der Geborgenheit und der Schutzraum einer gesunden Familie wichtigste Voraussetzungen. Daß diese in vielen Fällen nicht gegeben sind, begründet die große Zahl von gestörten, nicht vollentwickelten Menschen und erklärt auch die Hemmungen, Störungen und Minderwertigkeitsgefühle in jedem von uns.

Während bei einer gesunden Entwicklung die Reifung unreflektiert und dem Wachstum und Alter entsprechend verläuft, muß bei einer gestörten Entwicklung dieser Wachstumsprozeß mühevoll, bewußt und mit viel Training nachgeholt werden. Eine mangelnde Ichbildung, die sich im späteren Leben als Willensschwäche und Entscheidungsunfähigkeit zeigt, kann u. U. in dem schmerzhaften Prozeß eines Willenstrainings eingeübt werden. Dort lerne ich, in kleinen Schritten zu verzichten und zu entscheiden. Während das in einer heilen Umgebung aufgewachsene Kind diese Fähigkeit intuitiv erfaßt, muß der in einer gestörten Familien- oder Entwicklungssituation Aufgewachsene diese Fähigkeit in mühevoller Kleinarbeit nachträglich einüben.

Hier kann eine Gemeinschaft eine wesentliche Hilfe sein, die annimmt, ohne Vorbedingungen zu stellen – die liebt, ohne zu überfordern – die schützt, ohne in Normen einzuengen. Es wäre die schöne Aufgabe für eine christliche Gemeinschaft, Heil- und Heilungsuchende aufzunehmen wie in eine Familie, wo Liebe und Akzeptierung, aber auch eine adäquate Herausforderung echte Chancen bieten könnten.

Die Gemeinde als angstfreier Raum, als Gemeinschaft von Liebenden wäre die Rettung für viele gestörte, unreife, entwicklungsgehemmte Menschen, die von Jesus als »mühselig und beladen« bezeichnet werden und die er besonders zu sich eingeladen hat.

Die Gemeinde wäre auch der Raum, Entwicklungsmöglichkeiten zu schaffen, um Reifungsdefizite nachzuholen und neuentdeckte Gaben und Kräfte einzusetzen und zu erproben. Hier könnte Ermutigung geschehen für alle Lebensbereiche – in der Weitung des Wissens wie im Bereich der Emotionen, dem Erlernen des Umgangs mit Gefühlen aggressiver wie depressiver Art, mit Begeisterung und Enttäuschung, mit Freundschaft und Zärtlichkeit untereinander.

Reifung im Bereich der Liebesfähigkeit
der Genußfähigkeit
der Leidensfähigkeit

Die Liebesfähigkeit hängt im natürlichen wie im geistlichen Bereich von dem Maß der erfahrenen Liebe ab. Kein Mensch ist fähig zu lieben, wenn er nicht zuvor selbst geliebt wurde. Die Aufforderung »du sollst lieben« ist eine glatte Überforderung, wenn die Grundlage des Geliebtseins fehlt, die nicht jedem Menschen gleich gegeben worden ist. Darum beginnt das neue Leben im Sinne des ewigen Lebens und der Liebe mit einem Anruf Gottes:

»Lasset uns ihn lieben, *denn er hat uns zuerst geliebt*« (1. Joh. 4, 19);
oder: »Ein neues Gebot gebe ich euch, daß ihr einander lieben sollt, *wie ich euch geliebt habe*« (Joh. 13, 34).

Die Liebe Gottes zu uns geht also unserem Lieben voraus. Aber trotz dieser günstigen Voraussetzung, die jedem Menschen gilt, ist es für viele immer noch zu schwer, diese Liebe anzunehmen – sie sich vorzustellen und zu erleben.

Was können wir tun, um die Liebesfähigkeit in uns zu wecken und zu entfalten? In jedem Fall ist es nötig, auch durch Menschen die

Liebe zu erfahren. Die Liebe Gottes will sich in uns Menschen manifestieren, um fühlbar zu werden.

Wer Liebe lernen will, muß sich als erstes seine Liebesbedürftigkeit eingestehen. Er muß das Gesetz von Leistung und Erfolg, von Bravsein und Belohntwerden verlassen. Er muß lernen, sich beschenken zu lassen.

Solange ich für das Geliebtwerden noch etwas leisten muß oder etwas bezahlen kann, werden die Defizite im Innern meiner Persönlichkeit nicht geheilt. Die Erfahrung des neuen Lebens ist: Geliebtwerden ohne Voraussetzung – Angenommensein ohne die Erfüllung bestimmter Bedingungen. Liebesbedürftig sein heißt, seine Schwäche zeigen, seine Unfähigkeit zugeben und sich anvertrauen. Nichts ist aber beängstigender als das.

Der Nichtschwimmer wird das tiefe Wasser fürchten. Er wird, wenn er hineinfällt, mit aller Kraft um sich schlagen, gegen das Wasser kämpfen und sich wehren, um nicht unterzugehen. Gerade dadurch aber beschleunigt er sein Untergehen. Wer sich hingegen dem Wasser anvertraut, wird sehr schnell merken, daß es ihn trägt, daß es geradezu schwer ist unterzugehen. Jeder Taucher kann bestätigen, daß es schwierig ist, unter Wasser zu kommen, wenn man keine Angst vor dem Wasser hat.

Glauben ist wie dem-Wasser-vertrauen. Glauben an Gott ist, sich seiner Liebe anvertrauen. Für viele ist das Sich-anvertrauen so schlimm, weil sie ein Gottesbild haben, das ihnen diesen Schritt fast unmöglich macht. Sie denken an einen rechtenden Gott, der die Guten belohnt und die Bösen bestraft. Das ist der Gott aller Religionen, der Gott, der Leistung, Gehorsam und Bravsein fordert und der die Bösen verstößt und bestraft.

Jesus hat ein neues Bild von Gott entworfen: Gott läßt seine Barmherzigkeit über die Bösen und Undankbaren genauso walten wie über Gute und Gerechte. Jesu Leben hat gezeigt, daß seine Vorliebe sogar denen galt, die keine Chance in Religion oder Frömmigkeit hatten. Gerade Zöllner und Sünder erfuhren mit Staunen und Freude seine Zuwendung.

So beginnt – von Jesus ausgehend – eine neue Erfahrung mit Gottes Liebe an einer völlig unerwarteten Stelle, nämlich bei denen, die sich für liebensunwürdig hielten und denen ihre Unwürdigkeit von den Vertretern der Religion zur Genüge bestätigt wurde. Geliebtwerden ohne vorausgehende Leistung ist eine Medizin, die auch die tiefsten Unwertgefühle in uns heilen kann. Das gibt uns den Vorgeschmack von einer Lebensqualität, wie sie allein in Gottes Reich erfahren werden kann. Die Liebe von Gott und Menschen anzunehmen, auszuhalten und sich ihr auszusetzen, erschließt mir eine neue Wirklichkeit.

Wenn wir in der Liebesfähigkeit wachsen wollen, ist es ratsam, nicht nur unsere Liebesbedürftigkeit zu zeigen, sondern selbst »liebenswürdig« zu sein, indem wir die empfangene Liebe weitergeben. Liebenswürdig in echtem Sinn ist der, der einen anderen Menschen seiner Liebe würdigt und sie ihm schenkt. Er erweitert damit das Potential seiner eigenen Liebesfähigkeit. Je mehr Liebe ich gebe, desto größer wird die Kapazität meiner Liebe werden. Durch nichts wird die Würde eines Menschen aber auch so herrlich hervorgehoben wie durch das Geliebtwerden. Wir erfahren dabei durch die Verwirklichung dieser Art Gottes eine Verwandlung in sein Wesen hinein.

Je mehr ich empfange, desto mehr kann ich geben – und je mehr ich gebe, desto mehr empfange ich. Ich bin liebenswert – diese neue Wertigkeit ist höher als alle durch Leistung und Ehrung, durch Erfolg und Anerkennung vermittelten Werte.

Wer Gottes Liebe erfährt, kann Störungen in menschlichen Entwicklungsprozessen unter Umständen tiefgreifend und rasch überwinden. Der Geist Gottes, der in die Herzen der Glaubenden ausgegossen ist (Römer 5, 5), füllt wie eine mächtige Heilkraft Defizite auf, gleicht Mängel aus und heilt Wunden. Allerdings sind solche Vorgänge keine automatischen Abläufe, sondern immer wieder verbunden mit Erfahrungen tiefer Selbsteinsicht und Bedürftigkeit. Sie öffnen uns für die Welt des Glaubens, des Empfangens und der Hingabe.

Stufen – aber keine Rangstufen

Stufen der Liebe

1. Liebe zu sich selbst
Schon im Mutterleib wird das Gefühl des Menschen geprägt von dem zwar unbewußten, aber doch voll erlebten Wohlsein und Geborgensein. Auch die Wochen nach der Geburt, in denen die Leibgefühle beim Säugling vorherrschen, können die Einstellung zu sich selbst, zur eigenen Leiblichkeit und Existenz maßgebend bestimmen. Die in dieser Phase gestörten Kinder, z. B. ungewollte oder durch Krankheit gestörte Kinder, erfahren hier eine totale Verunsicherung, die sie später weitgehend unfähig macht, sich auf das Leben einzulassen. Für sie stellt alles Leben eine Bedrohung dar. Sie sind unfähig, sich selbst zu schätzen und sich für lebens- und liebenswert zu halten.

2. Liebe als Erfahrung der Abhängigkeit
Die nächste Stufe ist die Erfahrung der Liebe als Abhängigkeit. Der Säugling fühlt sich in allen Lebensbereichen total von der Mutter abhängig – umgekehrt aber auch die Mutter, weil sie für ihre Fähigkeit, das Kind zu stillen und für ihr Bedürfnis, ihre Liebe auszudrücken, auf das Kind angewiesen ist. Diese Liebe kann als symbiotisch bezeichnet werden – einer braucht den anderen, um leben zu können.

Enttäuschungen in diesem Entwicklungsbereich – Vernachlässigung und Verlassenwerden – können zu einer Angst führen, die später zu Depressionen als einem Rückzug aus dem Leben bis zum Suizid führen können. Ist aber dieser Erlebnisbereich mit Erfahrungen von Angenommen-, Gestillt- und Versorgtsein erfüllt, dann ist ein Grundgefühl gelegt, das es später leicht macht, sich dem Leben und seinen Umständen anzuvertrauen. Ein Gefühl des Angenommenseins und der Hingabefähigkeit sind positive Folgen dieser guten Grunderfahrung.

3. Liebe zu Gleichen - das Wir - Erleben
Mit zunehmendem Wachstum und Reifen wird der kindliche Erfahrungshorizont dahin erweitert, daß ein Wir-Bewußtsein entsteht - das Zugehörigkeitsgefühl zu einer Gruppe von Menschen der gleichen Art, der gleichen Familie, der gleichen Sozialität. Es wächst die

Fähigkeit, an andere zu denken, Verantwortung zu übernehmen, Kontakte aufzubauen und zu halten und auch später in einer bedrohlich erlebten Umwelt einen Geborgenheitsraum zu haben, in dem die notwendigen Bedürfnisse ihre Befriedigung finden. Das Bewußtsein, zu einer Gruppe zu gehören, die zu mir steht und mich bei Gefahr in Schutz nimmt, die mich gegen Feinde verteidigt und mir durch meine Zugehörigkeit einen Wert gibt, wirkt stabilisierend für die Entwicklung meiner Person.

Häufig ist die bewußte Kontaktaufnahme aber auch verbunden mit den ersten Feinderfahrungen. Das Wir wird dann angesichts einer Bedrohung von außen besonders stark erlebt; die Geschwister beispielsweise, die sich gegen Nachbarskinder wehren müssen und dabei deutlich spüren, daß sie ein Wir bilden. Aber auch größere Gruppen und Gemeinschaften bis hin zu einer Volks- oder Rassengemeinschaft erzeugen solche Wir-Erlebnisse.

4. Liebe zu Fremden – Liebe aus Faszination

In der Weiterentwicklung und im Aufnehmen neuer Erfahrungsbereiche erlebt der Mensch, zu einer geschlechtsspezifischen Gruppe zu gehören und fähig zu werden zur Begegnung mit der anderen Art, dem anderen Geschlecht. In der Anziehung der Gegensätze der Geschlechter wird bei einer gesunden Entwicklung die Fähigkeit der Faszination geweckt und gebildet. Hier ist der ganze Bereich der Erotik, der Sexualität und der Freundschaft angesprochen. Die Liebe zu einem Partner des anderen Geschlechts ist eine Erweiterung und Bereicherung der Lebensqualität und damit auch der Liebesfähigkeit. Wenn diese Entwicklungsstufe nicht erreicht wird und die Liebesfähigkeit zum anderen Geschlecht, die Faszination zu Fremden und Andersgearteten nicht erfahren werden kann, entstehen u. U. Fehlprägungen oder es fixieren sich Reifungsdefizite in Form von lesbischen oder homosexuellen Bedürfnissen.

Diese vier Grunderfahrungen des Lebens und der Liebe sind maßgebend für die Entwicklung der Strukturen unseres Charakters. Alle wichtigen Lebensbereiche werden dadurch geprägt:

    die Einstellung zum Leben an sich und zur eigenen Person (Intentionalität);

die Einstellung zur Partnerschaft in Hingabefähigkeit und Akzeptierung;
die Einstellung zur Gemeinschaft und zur Verantwortlichkeit;
die Einstellung zur Sexualität.
Grundeinstellungen zum Leben sind Grundfähigkeiten der Liebe.

5. Liebe aus Willen

Eine Erweiterung der Liebesfähigkeit geschieht im Lieben aus dem Willen heraus. Während in den vorangegangenen Entwicklungsformen Fühlen und Erleben im Vordergrund standen, wird hier eine neue Dimension der Liebe erlebbar, eine bewußte Liebe aus dem Kernbereich der Persönlichkeit, aus dem Ich und dem »ich will«.

Diese Liebe ist nicht abhängig vom Fühlen und von den Schwankungen des Gefühls, von Stimmung und Faszination und von gegenseitigen Abhängigkeiten. Grundlage dieser Liebe ist die willentliche Entscheidung. Sie hat ihre Qualität in der bewußten Zuwendung und Hingabe, im Entschluß, in der Willenserklärung und in der aktiven Hinwendung zum Nächsten und dessen Bedürfnissen. Es ist eine Liebe, die nicht aus einem unbewußten Impuls heraus und nicht aus körperlicher Anziehung ihre Kraft empfängt, sondern aus der bewußten und willentlichen Entscheidung, den andern zu lieben und sich ihm zuzuwenden. Wichtig ist für mich, was er braucht oder was ihn ehrt oder was auch immer in der jeweiligen Situation gut für ihn ist. Auf die Dauer wird eine Liebe nur dann Bestand haben, wenn sie von dieser Qualität getragen ist. Dieses »Ich will dich lieben« schließt bestenfalls alle anderen Stufen der Liebe mit ein. Sie kann gestützt sein durch ein gutes intentionales Grundgefühl zu mir selbst und auch die Erfahrung beinhalten, daß gegenseitige Hilfe wohltuend und nötig ist. Sie kann das Wir in der Gemeinschaft der Gleichgesinnten bereichern und auch die Faszination durch das andere Geschlecht stabilisieren.

Bei der Liebe aus Willen geht es nicht nur um die Treue zum andern, sondern in erster Linie um die Treue zu sich selbst. Auf dieser Ebene bin ich nicht mehr abhängig vom Verhalten des anderen, sondern von meinem eigenen Verhalten.

6. *Liebe zum Feind*

Die letzte und höchste Erfahrung der Liebe ist die Liebe zum Feind. Hier zeigt sich deutlich die Überwindung der natürlichen Reaktionen und Bedingtheiten durch eine neue Fähigkeit, die allein von Gott kommt. Diese Liebe ist gegründet in dem Glauben, daß Gott alle Menschen liebt und daß auch ein Feind liebenswert ist. Wenn ich meinem Feind in der Art und in der Kraft Gottes meine Liebe zuwenden kann, ist das ein Ausdruck der Vollkommenheit, die aus der Nähe zu Gott kommt und die seinen Töchtern und Söhnen zu eigen ist als ein untrügliches Merkmal für die Verwirklichung der Kräfte Gottes in dieser Welt.

Diese Feindesliebe begann am Kreuz mit der Vergebung Jesu seinen Mördern gegenüber, und sie offenbart sich immer wieder leuchtend im Leben mancher Christen, die – mit dem Heiligen Geist erfüllt – selbst in großen Nöten in der Lage waren, für ihre Verfolger zu beten, ihre Hasser zu segnen und denen wohlzutun, die ihnen Böses antaten.

Um diese Feindesliebe zu erleben, bedarf es des Qualitätssprungs von der natürlichen zur göttlichen Liebe. Sie ist der Anbruch des neuen Reiches und ein deutliches Zeichen für die Gegenwart des unsichtbaren Gottes, des Gottes der Liebe.

Wandlungen im Sinne dieses Qualitätssprungs der Liebesfähigkeit werden sich in allen anderen Bereichen der Liebeserfahrung neu auswirken. Da Wandlung immer auf Vollkommenheit zielt, wird sie sowohl die Liebe zu sich selbst als auch alle anderen Lebens- und Liebesformen erneuern und mit einer Kraft erfüllen, die das Natürliche mit Übernatürlichem erfüllt.

Genußfähigkeit

Der Mensch ist auf Genuß und Genußfähigkeit hin angelegt. Viele triebhafte Vorgänge können durch die Genußfähigkeit eine neue Qualität empfangen und das Leben auf eine höhere Stufe stellen. Der Mensch, der nur ißt, weil er Hunger hat und damit nur den Trieb befriedigt, lebt sicher nicht seiner Würde entsprechend. Und doch befinden sich viele Millionen unfreiwillig in diesem Zustand. Gott hat den Menschen so geschaffen, daß er nicht nur aus Triebbefriedigung existiert, sondern daß er das, was er lebt, auch sinnhaft und geistig verarbeitet.

Das beginnt bei den einfachen Verrichtungen des Essens und Trinkens und kann sich auf Bereiche der Sexualität, des Spielens und auf alles andere Erleben auswirken. Alle Sinnesorgane – Augen und Ohren, Tastsinn und Geruch – sind uns zum Genießenkönnen gegeben. Die Genußfähigkeit ist nicht nur ein Empfinden von Reizen und Befriedigen von Bedürfnissen, sondern ein bewußtes Aufnehmen dessen, was ich sehe, höre, empfinde, schmecke – ein dankbares Verarbeiten und Speichern dieser Erlebnisse, so daß der Innenraum meiner Gefühle und Stimmungen davon erfüllt, erleuchtet und verwandelt wird.

Wer z. B. das Essen so richtig genießen kann, wird nicht so leicht von der Sucht nach Essen überwältigt werden. Wer Trinken genießen kann, wird nicht so leicht in die Abhängigkeit von Alkohol geraten, weil die Motivation zum Trinken nicht im Vergessenwollen liegt. Wer in der Sexualität seine Sinnenfreude nicht nur als Triebbefriedigung erlebt, sondern gleichzeitig auch als Begegnung mit dem Du, als einen geistig-psychischen Prozeß, der die Beziehung zum Partner erfüllt, wird die Sexualität reifer und schöner erfahren. Wer genießen kann, wird nicht unter die Macht der Genuß- und Suchtmittel geraten, sondern mit ihnen umgehen können und sie als Erhöhung und Erweiterung seines Menschseins erfahren. Der Abhängige erlebt den Gebrauch von Alkohol, Nikotin, Drogen und anderen Stoffen als Erniedrigung und Demütigung.

Wer genießen kann, behält Distanzfähigkeit. Er kann nein sagen, dosieren, sich bei allem selbst besser erfahren und so seine Lebensmöglichkeiten steigern. Das Leben wird reicher. Das Bedürfnis, andere teilnehmen zu lassen, sie zu »Genossen« zu machen, nimmt zu. Er selbst wird »genießbarer« für andere. Ein Spötter hat einmal formuliert: »Wer nicht genießen kann, ist sicher auch nicht genießbar für andere!«

Gott will nicht Armut, Primitivität und Leid, sondern er will den Reichtum, die Vielfalt und die Lebensfreude vermehren, weil sein Wesen reich, vielfältig und voller Freude ist. Er hat die Fähigkeiten,

Genuß zu empfinden, in uns gelegt, und es ist in seinem Sinne, diese Fähigkeiten zu nutzen und uns darin zu üben.

Genießen heißt: Sich mit wachen Sinnen der Wirklichkeit zuwenden und diese in ihrer Vielgestaltigkeit aufnehmen und erleben. Genießen ist das Wahrnehmen der Fülle der Schöpfung; es wirkt schöpferisch in uns.

Wir wissen aus dem Leben Jesu, daß er kein blasser, weltverneinender Asket war, sondern ein Mensch, der auch Essen und Trinken genießen konnte, der Freundschaften pflegte und die Natur in ihrer Schönheit erlebte. In ihm wurden alle Sinneseindrücke, alle sinnlichen Wahrnehmungen zu Gleichnissen für eine übersinnliche Wirklichkeit.

Genießen ist die Fähigkeit, ganz im Hier und Jetzt zu sein und den Augenblick zu achten. Ein Verhaftetsein im Vergangenen ist ebenso hinderlich wie die ständige Angst vor dem, was kommen kann. Genießenkönnen ist ein Ausdruck des Vertrauens in das Leben.

Leidensfähigkeit

Obwohl die ganze Schöpfung und Erlösung auf Lieben und Genießen hin angelegt ist, gibt es doch viele Unvollkommenheiten und Störungen, die dem Leben zur Last werden und Leid und Schmerz auslösen, Spannungen erzeugen und die Geduld herausfordern. Es gibt auf die Dauer gesehen keine Begegnung mit der Wirklichkeit und der Fülle des Lebens ohne die bittere Erfahrung der Enttäuschungen und letztlich des Todes. Kein Mensch kommt in diese Welt, ohne Schmerzen zu erleiden; und kaum jemand verläßt dieses Leben wieder, ohne in einem schmerzhaften Prozeß durch Todeserfahrungen zu gehen. Dazwischen liegen Wachstum und Reifung, die immer mit Verlust und Entbehrung zusammenhängen.

Diese Tatsachen auszublenden wäre eine Einschränkung der Wirklichkeit und vielleicht auch eine Vermeidung von Erfahrungen, die dem Leben eine große Tiefe geben können.

Eltern, die ihren Kindern alle Schwierigkeiten aus dem Weg räumen, die dem Kind immer das geben, was es sich wünscht, die es nur verwöhnen, ohne es auch zu fordern, verhindern ein gesundes

Wachstum und machen es lebensuntüchtig. Sie sind also durchaus nicht liebevoll, so sehr das nach außen hin auch so scheinen mag. Lebensstark und lebensvoll wird nur der Mensch, der früh genug gelernt hat, Grenzen zu erfahren und Frustrationen auszuhalten. Erst am Widerstand wachsen die eigenen Kräfte. Der Wille kann nur dort entwickelt werden, wo er herausgefordert wird, wo er Widerstand überwinden und Spannungen aushalten muß.

Es gibt übergroße Leiden und Schmerzen, die das Leben verhindern und die Kraft des Leidenden überfordern. Das Leben erscheint dann wertlos. Und doch gibt es kein Leben und kein Reifen, in dem nicht diese Widerwärtigkeiten nötig sind, um die Geduld zu erlangen, die wir brauchen; um die Spannungen zu ertragen und Reifungsprozesse nicht abzubrechen. Wer immer den Weg des geringsten Widerstandes wählt, alle Schwierigkeiten möglichst umgeht, kann nicht lernen, sie zu überwinden.

Wer jeden Triebanspruch befriedigt, ohne ihn auszuhalten bis zu dem Zeitpunkt, wo er sinnvoll und wertvoll befriedigt werden kann, wird seine Reifung verhindern. Die Leidensfähigkeit verhilft uns dazu, das Leben gesund zu entwickeln und die besten Tugenden in uns hervorzubringen wie z. B. die Tugend der Ausdauer, der Langmut und des Wartenkönnens.

Durch Werbung und Propaganda und durch die Angebote der pharmazeutischen Industrie werden diese Tugenden heute weitgehend verhindert. Wir werden geradezu zur Lebensuntüchtigkeit erzogen. Nur wer Schmerzen und Enttäuschungen aushalten kann, ohne zu resignieren, wird im Leben vorankommen.

Zur Leidensfähigkeit gehört auch die Fähigkeit, zu verzichten und loszulassen. Eltern werden das lernen müssen.

Auch die Konzentration auf ein Ziel, um dessentwillen ich Opfer und Schwierigkeiten auf mich nehme, stärkt die Fähigkeit, zu leiden. Wer eine Prüfung bestehen will, braucht die Tugend der Konzentration ebenso wie der, der aus Liebe auf etwas verzichtet, um einem anderen zu helfen.

Die Fähigkeit zu leiden verbindet uns in einem besonderen Maß mit Jesus. Nicht durch Aktionen ist die Erlösung der Welt möglich geworden, sondern durch Passion. Nicht die Aktivisten werden die

Welt retten, sondern die, die bereit sind, den unteren Weg zu gehen und sich für andere einzusetzen, wenn nötig unter Verzicht auf das eigene Leben. Leidenkönnen ist die Macht der Ohnmächtigen. Es ist die Kraft derer, die Ausdauer gelernt haben und deshalb reife Entscheidungen treffen und reife Ergebnisse gewinnen.

Leiden zeitigt auf geheimnisvolle Weise Frucht, denn Frucht entsteht durch Loslassen, Hingeben und Sterben. Nur »das Weizenkorn, das stirbt, bringt Frucht« (Joh. 12,24).

Durch Leiden erfährt die Seele, daß Geben seliger ist als Nehmen, Freilassen wertvoller als Festhalten und Verzichten größer als An-sich-Reißen.

Leiden widerspricht in allem dem Bedürfnis des natürlichen Menschen. Er möchte lieber an der Oberfläche bleiben und rasch Erfolg haben. Er will für alle Probleme schnelle Lösungen, für alle Krankheiten spontane Heilungen und für alle Nöte möglichst ein Patentrezept. Dadurch werden aber die Kräfte der Seele und die Reichtümer aus den Räumen des Unbewußten nicht geweckt und nicht gefördert.

Ob wir leidensfähig sind oder nicht, zeigt sich auch im Umgang mit unserem Körper – ob wir ihn erziehen oder verwöhnen, stärken oder schwächen. Ein Sportler kann nicht siegen, wenn er nicht bereit ist, seinen Körper zu fordern und ihn zu zwingen, auch an die Reserven heranzugehen und sie für den Sieg einzusetzen. Keine Liebe wird wachsen, wenn sie nicht auch bereit ist, die Schmerzen der Enttäuschung auszuhalten, die bei jedem näheren Kennenlernen auftreten und die Liebe erproben. Unserm Geist werden sich keine neuen Räume erschließen, wenn wir nicht die Schwierigkeiten des Lernens und die Unbequemlichkeit der geistigen Arbeit in Kauf nehmen.

Am notwendigsten aber ist die Leidensfähigkeit im Zusammenhang mit dem Sterben. Sterben bedeutet, alles loszulassen, nichts mehr festzuhalten und die letzte, entscheidende Einsamkeit auszuhalten.

So wie alle Fähigkeiten in uns angelegt sind, sich aber nur entwickeln können, wenn sie abgerufen werden, so ist auch die Fähigkeit, Leid, Schmerz und Not auszuhalten, nur da gegeben, wo wir die Haltung und Überzeugung in uns einprägen, daß Schmerzen und Dunkelheiten unseres Lebens fähiger machen, die Reichweite und Fülle des Lebens zu erfassen und Ziele zu erreichen, die nur durch Überwinden der eigenen Trägheit, Wehleidigkeit und Bequemlichkeit zu überwinden sind.

Es gibt Leiden, die keinen Sinn haben und keinen Ertrag bringen, weil sie nicht angenommen werden. Sie sind aufgezwungen und zerstören das Leben, statt es zu vertiefen. Es gibt auch unnötiges Leid, gegen das wir mit allen Kräften der Seele und des Geistes angehen sollen. In der Wandlung aber, in der Erfahrung der Fülle des neuen Lebens wächst auch die Möglichkeit, scheinbar sinnloses Leiden mit Sinn zu füllen.

Es gibt genügend Zeugnisse von Menschen, die durch einen Schicksalsschlag scheinbar aller sinnvollen Lebensmöglichkeiten beraubt wurden und die dann durch Bejahung der gegebenen Situation ihrem Leben eine neue Qualität gaben durch die Art, in der sie mit ihrem Schicksal umgingen.

5. KAPITEL

Wille und Willensbildung

Für viele christlich erzogene Menschen sind Begriffe wie »der eigene Wille« und »das eigene Ich« mit einem gewissen negativen Beigeschmack versehen. Es klingt für sie verdächtig nach Eigensinn und Eigenwille, der »gebrochen werden« muß. Sie denken an Egozentrik und an das berühmte »dicke Ich«, das sterben muß.

Tatsächlich aber ist der Wille die zentrale Funktion des Ichs, die höchste Ausdrucksform der Persönlichkeit. Ohne Ich ist der Mensch keine Persönlichkeit, kann er auch einem Du kein Gegenüber sein. Auch für den geistlichen Bereich trifft das zu – im Gegenüber zu Gott.

Die Fähigkeit,«ich« zu sagen und ein Ich zu entwickeln, ist dem Menschen vorbehalten und sicher ein Ausdruck unserer Ebenbildlichkeit Gottes, der von sich sagt: »Ich bin, der Ich bin.« Nur wer ein Ich hat, kann auch einen Willen ha: ·, denn zum Wollen gehört immer das »Ich will«. Je reifer die Pei :·nlichkeit, desto stärker die Fähigkeit, zu wollen und in diesem Wollen alle Kräfte und Gaben auf ein Ziel zu konzentrieren.

Der ichschwache und willensschwache Mensch ist von seinen Stimmungen und Launen getrieben. Er ist unentschlossen und damit auch unzuverlässig. Von außen gesehen ist er gezwungen, angepaßt, fremdbestimmt und damit vielleicht brauchbar für irgendeine ihm wesensfremde Macht – für eine Ideologie oder eine Person, aber eben manipulierbar und leicht zu verführen.

Der Willensschwache verfügt nicht über seine Begabungen. Er kann die ihm gegebenen Möglichkeiten nicht nutzen. Er ist damit auch in seiner Fähigkeit, zu lieben, zu glauben und zu hoffen und Gutes zu wirken, sehr eingeschränkt.

Eine solche Schwäche in der Ichbildung kann nach außen hin fast wie eine positive Einstellung wirken und Tugenden wie Gehorsam und Dienstbereitschaft hervorbringen. In Wirklichkeit spricht diese Haltung aber eher für eine ungesunde Persönlichkeitsentwicklung, für Unreife und Schwachheit – man könnte fast sagen: für einen Infantilismus, ein Steckenbleiben in kindlichen Entwicklungsstufen.

Der entscheidungsschwache, ichschwache Mensch zeigt sich häufig darin, daß er nicht bereit ist, Verantwortung für sich und sein Handeln zu übernehmen. Er wird immer wieder versuchen, die Schuld für sein Verhalten auf die Verhältnisse zu schieben oder seine

Mitmenschen verantwortlich zu machen. Er entschuldigt sich auch gern mit dem Hinweis auf seine Schwachheit und seine ungenügende Begabung.

Der Ichstarke dagegen ist bereit, nicht nur zu entscheiden, sondern auch die Verantwortung für seine Entscheidungen zu übernehmen, sich zu diesen Entscheidungen zu stellen und die Konsequenzen zu tragen.

Wille und Wahl

Beide Begriffe gehören zusammen, vom Wortursprung wie von der Sache her. Nur wer eine Wahl hat, kann entscheiden und kann wollen. Der in sich verhaftete und in Zwänge eingebundene Mensch ist nicht entscheidungs- und damit nicht willensfähig. Ihm fehlt die Grundvoraussetzung menschlicher Existenz: die Freiheit.

Freiheit besteht auch in ungünstigen Situationen. Sie ist nicht an die äußeren Möglichkeiten gebunden, sondern sie ist ein Ausdruck innerer Verfügungsvollmacht. Ich kann selbst Gefängnis und Ketten in innerer Freiheit erleben und andererseits in Freiheit eine gute Chance, die mir gegeben wird, bewußt und freiwillig ausschlagen oder annehmen – je nachdem, ob sie meiner inneren Zielrichtung entspricht oder nicht.

Die Fähigkeit zu wollen ist notwendig mit der Frage nach Sinn und Ziel verbunden. Ich muß zumindest eine Entscheidungsrichtung haben, wenn ich wissen will, was ich will und was ich nicht will.

Der ungerichtete Wille ist wahllos. Nur der zielgerichtete Wille kann wählen und entscheiden. Wenn der Wille sich auf ein Ziel richtet, erfahre ich die erstaunliche Kraft, die in mir liegt. Vielleicht kenne ich sie noch gar nicht, weil ich sie noch nicht freiwillig und bewußt in Anspruch genommen habe.

Lernen wir von unseren Sportlern. Sie wissen genau, was für sie gut und was hinderlich ist und setzen ihren ganzen Willen für das Ziel ein. Der Wille ist abhängig von dem Wissen um die Richtung, von dem, was für mich richtig ist. Richtig ist das, was dem Ziel entspricht.

Damit ergibt sich die Notwendigkeit, sich zunächst einmal selbst kennenzulernen mit allem, was an Wünschen und Ansprüchen, an Triebkräften und Hemmungen in mir liegt – mit dem, was ich eigentlich möchte, wozu ich Lust habe. Ich muß auch die unbewußten Zwänge erkennen, die mich bestimmen – mein Gewissen, das mich bindet, und die Ängste, die mich hindern, warnen oder auch antreiben.

Zur Persönlichkeitsreifung und zur Willensbildung gehört also eine größere Klarheit über sich selbst und ein besseres Kennenlernen der Motivationen. Meine Entwicklung ist an immer tiefere Selbsteinsichten gebunden.

Auch der Willensschwache hat Kraft, Fähigkeiten und Energien, die sein Leben beeinflussen und gestalten, nur geschieht dies häufig ungesteuert, ohne daß das Ich mit seiner Entscheidung daran beteiligt ist. Gedankenlosigkeit und Gleichgültigkeit sind darum genauso entwicklungshemmende Faktoren wie neurotische Zwänge oder gesellschaftliche Nötigungen. Viele Menschen sind fromm, brav und gut, ohne als Person wirklich an Frömmigkeit, Brav- und Gutsein beteiligt zu sein. Sie leben nicht, weil sie leben wollen, sondern sie werden gelebt, und gehen damit den Weg des geringsten Widerstandes, der oft bequem ist, aber leider auch ohne wirkliche Lebensqualität und Lebensentfaltung.

In diesem Zusammenhang taucht die Frage auf, ob es nicht Menschen gibt, die anlagebedingt eine gewisse Willensschwäche haben im Unterschied zu anderen, die von Natur aus günstigere Voraussetzungen zur Willensbildung mitbringen. Aber ob das nun auf Anlagen beruht oder mit der Prägung durch die Umwelt zusammenhängt – ob körperliche oder geistige Bedingtheiten vorgegeben sind oder nicht, ist letztendlich nicht entscheidend. In jedem Fall kann der Wille trainiert werden. Jeder kann den Willen entwickeln, wenn auch vielleicht mit unterschiedlicher Reichweite und Möglichkeit.

Der Wille ist das Steuer des Lebens, und der Willenlose ist wie ein Schiff ohne Steuer, das hin- und hergetrieben wird. Er ist trotz großer Begabungen gefährdet und für andere gefährlich und unberechenbar. Im Wollen organisiert sich die Person auf die Zukunft hin, auf die Aufgabe, die ihr gestellt wurde oder die sie sich selbst stellt.

Dort, wo der Wille zur Entfaltung kommt, entfaltet sich die Freiheit. »Ich will« zu sagen, ist Ausdruck menschlicher Freiheit. In dem Maß bewußter Entschlossenheit setzt dieses »Ich will« das Maß für Persönlichkeit und Freiheit.

> ». . . denn Gott ist es, der in euch das Wollen sowohl als auch das Vollbringen wirkt« (Phil. 2,13).

Wir sind davon überzeugt, daß alle Gaben und Kräfte und Möglichkeiten von Gott her kommen und uns als Chance angeboten werden. Wieweit wir diese Chance annehmen und uns darin bewähren, liegt an uns. Wollen und Vollbringen sind also vorausgegebene Möglichkeiten, so daß, wenn ich will, Gott dieses Wollen eigentlich in mir bewirkt hat. Und wenn ich aufgrund dessen etwas vollbringe, weiß ich, daß Er selbst es ist, der sich in meinem Vollbringen verwirklicht. Daß ich will, ist damit die Auswirkung göttlicher Wirklichkeit und nicht selbstherrliches, eigensüchtiges Sich-Durchsetzen.

Die Frage nach dem, was Gott an Zielen für unser Leben und für die Welt hat und inwieweit wir uns mit diesen Zielen und der Richtung daraufzu identifizieren und unseren Willen bewußt darauf ausrichten, ist sicher eine Grundlage für die Vorentscheidung, die wir zu treffen haben. Gott gibt uns zum Wollen auch die Wahl.

Die Begegnung mit Jesus, die Erfahrung der Vergebung und die Heilung vom schlechten Gewissen, die Befreiung von allen Abgöttern und Zwängen ist eine entscheidende Starthilfe. Ich bin nicht mehr verurteilt und gewinne aus dieser Befreiung heraus neue Entscheidungsfreiheit. Ich kann mich urteilsfrei auf mich selbst besinnen und die Mächte und Fehlsteuerungen entdecken, die bislang mein Leben bestimmt haben. Ich kann mich davon bewußt distanzieren und mich einer neuen, spannenden Zukunft zuwenden.

Solche Entscheidungen können in einer dramatischen, inneren Auseinandersetzung erfolgen oder auch im langsamen Bewußtwerden der Berufung. Entscheidend ist, daß jedem einzeln bewußt ist, daß er die Möglichkeit der Entscheidung hat und daß er diese mit der ganzen Kraft seines Bewußtseins und seiner Persönlichkeit vollzieht.

Willenstraining

Wenn die Willensfähigkeit noch ungeübt und unausgebildet ist, kann sie durch Trainieren gestärkt und gefördert werden. Voraussetzung zu einem gesunden Willenstraining sind Freiheit und Freiwilligkeit. Es beginnt mit einer Zielorientierung und Zielsetzung, die das gesamte Leben im Auge hat, dann aber in vielen kleinen Schritten angegangen wird. Es ist gut, sich möglichst viele Zwischenziele zu setzen, die überschaubar und erreichbar sind, damit nicht unter einer allzu großen Zielvorstellung die kleine Kraft und die noch unentwickelte Fähigkeit resigniert zusammenbricht.

Die Ernsthaftigkeit zur Willensbildung zeigt sich häufig schon in der Klarheit, die ich mir über meine Ziele verschaffe, und in der Entschlossenheit, die Zwischenziele, wenn nötig stündlich neu, anzugehen.

Es ist hilfreich, die Frustrationstoleranz langsam zu erhöhen, den Spannungsbogen langsam zu erweitern.

Unser tägliches Leben bietet uns eine Fülle von Möglichkeiten, unsern Spannungsbogen zu stärken und zu erweitern. Ständig empfangen wir Impulse aus unserm Innern – Wünsche, Ängste, Triebe – die schnell besänftigt und befriedigt werden wollen. Wir üben uns darin, diesen Ansprüchen gegenüber freiwillig nein zu sagen und die Triebbefriedigung und die Anspruchserfüllung hinauszuschieben. Eine Zunahme an Ausdauer, Geduld und Wartenkönnen sind Trainingserfolge im Bereich der Erweiterung des Spannungsbogens. Je abhängiger, d. h. willenloser jemand ist, desto rascher möchte er seine Wünsche erfüllt haben oder sie selbst befriedigen. Das tritt beim Suchtverhalten besonders deutlich zutage, wo bereits kleine Spannungen und Schwierigkeiten zum unwiderstehlichen Impuls, zum Trinken beispielsweise, führen, der schnell zur Entspannung und zur Befriedigung gebracht werden muß.

Um den Spannungsbogen weiter zu vergrößern, verzichten wir auch freiwillig auf etwas, was an sich gut ist, was vielleicht sogar wichtig wäre, aber um des Trainings willen zurückgestellt wird. Bei alledem ist entscheidend die Freiwilligkeit und das bewußte Übenwollen. Wer sich zuviel vornimmt, wird den Spannungsbogen überziehen und ihn zerbrechen. Wer sich zuwenig vornimmt, wird kein Wachstum erreichen.

Unsere Verwöhnungsgesellschaft bietet uns eine Fülle von Möglichkeiten, diesen Tendenzen nachzugeben. Nur durch eine Stärkung unseres Ichs, unseres Selbstbewußtseins und damit unserer Willensfähigkeit können wir diesen Verlockungen entgegentreten. Es kann um eine Einschränkung im Essen oder Trinken gehen oder um den Verzicht, bei jeder Gelegenheit das Auto zu benutzen oder um ein pünktliches Aufstehen oder Zubettgehen, um die gewonnene Zeit sinnvoll zu nutzen.

Eine weitere Trainingsmöglichkeit ist das Einüben in Überwinden. Ich überwinde mich, freiwillig Dinge zu tun, zu denen ich eigentlich gar keine Lust habe, die ich aber für sinnvoll halte. Ich nehme mir beispielsweise vor, kontrolliert zu reden und zu schweigen, meine Zunge nicht nach Lust und Laune laufen zu lassen. Ich überwinde mich, etwas Gutes zu tun, obwohl ich es lieber nicht täte, weil es für mich unbequem ist oder unangenehme Gefühle erzeugt.

Entscheidend für den Erfolg ist bei diesen Übungen immer die Freiwilligkeit und die Sinnfüllung.

Ein besonders hohes Maß an Willensstärke kann in der Entscheidung zur Treue und Zuverlässigkeit entwickelt werden. Es gibt zuverlässige Menschen aus Anpassung, Phantasielosigkeit oder aus Angst vor Strafe. Gemeint ist hier aber eine Entscheidung zur Treue als ein bewußter Akt der Person, als eine in innerer Freiheit vollzogene Entscheidung, die ich durchhalte, weil ich sie durchhalten will, und nicht, weil irgendwelche äußeren Zwänge mich dazu verpflichten.

Ein Abbau der Willenskraft geschieht immer dann, wenn ich eine Spannung zu rasch auflöse, statt sie auszuhalten. Von Ärzten und Apothekern werden uns heute viele Spannungslöser angeboten. Sie gehören, wenn sie wahllos und ungezielt gebraucht werden, zu den Zerstörungskräften, die eine Persönlichkeit zersetzen können. Am Ende stehen Gleichgültigkeit und Leere.

Ziel der Willensbildung ist nicht der asketische Roboter, sondern der reife, integrierte Mensch, der über seine körperlichen, geistigen und psychischen Fähigkeiten, d. h. über sein ganzes Kräftepotential verfügt – der das tut, was er tun will – der auf das Ziel zugeht, für das er sich frei entschieden hat. Es ist die Persönlichkeit, die in der Lage ist, konzentriert und bewußt zu leben und damit eine Ermutigung zu bilden für alle, die noch unentschlossen oder in dumpfer Unbewußtheit dahinleben und nicht merken, daß das, was sie Leben nennen, eigentlich nicht als Leben bezeichnet werden kann.

6. KAPITEL

Heilung der Persönlichkeit

Nicht nur Unreife und Entwicklungsstörungen hemmen unser Leben und Personsein, sondern auch Verwundungen und Krankheiten der Seele. Was für unseren Körper die Organe sind, sind für unsere Seele die Gefühle. Sie können wie ein guter Organismus funktionieren, aber sie können auch durcheinandergeraten und sogar sterben.

Die Gefühle beeinflussen unser Leben ständig, auch wenn es uns nicht bewußt ist. Sie geben als Stimmungen dem Tag ihre Farbe – düster oder hell. Sie können auch als innere Verwundungen, als Leiden ständig Kräfte abziehen und als Blockierungen ganze Lebensbereiche absperren. Traumatische Erlebnisse machen uns manchmal unfähig, auf den von den Erlebnissen betroffenen und angrenzenden Gebieten gesund zu empfinden und zu reagieren – z. B. in der Sexualität oder im Bereich der religiösen Erfahrung. Die angeschlagenen Gefühle lassen sich dabei leicht bestätigen durch Argumente, die erklären, warum gerade dieser Erlebnisbereich nicht wichtig oder nicht interessant ist – oder warum man an dieser oder jener Stelle eigentlich gar nichts erleben will. Die uns blockierenden Gefühle sind dann besonders stark und fixiert, wenn sie durch solche rationalen Begründungen ihre Berechtigung gefunden haben.

Ängste können z. B. so stark werden, daß sie uns hindern, Neues zu erleben und neue positive Erfahrungen zu machen. Die Angst vor dem Wasser macht das Schwimmenlernen unmöglich. Die Angst vor dem Fliegen kann die Urlaubsplanung einseitig bestimmen und vielleicht eine ganze Familie in ihrem Vorhaben einschränken. Verstimmungen halten oft jahrelang an und vergiften ganze Lebensabschnitte, die dann auch später in der Erinnerung als dunkel und belastet auftauchen. Diese Störungen betreffen auch immer die Umwelt. Eine gestörte Sexualität z. B. ist ja nicht nur für den Betroffenen eine Behinderung dieses Erlebnisbereiches, sondern auch gleichzeitig für den mitbetroffenen Partner.

Verstimmungen können sich auch in einer Gruppe wie ein Gift ausbreiten und die Atmosphäre belasten.

Eine Heilung der Persönlichkeit ist aus den vorausgegangenen Gründen immer an eine Heilung der Gefühle gekoppelt.

Bevor nun ausführlicher über den Prozeß der Heilung der Gefühle gesprochen werden kann, ist es nötig, die Bedeutung der Gefühle für unser Leben überhaupt aufzuzeigen.

Gefühle sind grundsätzlich immer gut, wenn sie echt sind. Sie haben eine wichtige Funktion. Sie sind jedoch nicht immer schön und angenehm und werden deshalb auch nicht immer akzeptiert. Unsere Gefühle sagen etwas aus, sie sind Ausdruck unseres inneren Befindens. Wenn sie nicht zu Wort kommen, verdrängt werden, wenn sie in der gesellschaftlichen Ordnung keinen Platz haben, können sie im Unbewußten Störungen hervorrufen, die sich auf die Dauer belastend auf die ganze Entwicklung auswirken. Sie können Neurosen arrangieren, d. h. krankhafte Lebenseinstellungen und -haltungen erzeugen. Sie können sich so stauen, daß sie nur noch in explosiven Ausbrüchen oder Zusammenbrüchen erlebt werden und dann oft eine zerstörerische Wirkung haben. Sie können aber auch ganze Lebensbereiche einfrieren. Nicht umsonst nennt man die sexuelle Gefühlskälte Frigidität. Viele Eheleute erfahren in ihren Beziehungen ein Abfrieren der Gefühle, das man als Kältetod der Gefühle bezeichnen kann. Die ursprünglich warmen und temperamentvollen Empfindungen zwischen zwei Menschen, die sich liebten, geraten langsam in eine Abkühlung, die zur völligen Beziehungslosigkeit führt. Nicht einmal Haß oder Abneigung sind dann zu spüren, sondern nur noch völlige Gleichgültigkeit.

Voraussetzung für alle Änderung und Heilung im Gefühlsbereich ist die Entdeckung der Gefühle überhaupt, die Einsicht in ihre Wichtigkeit und Reichweite. Es kann sehr hilfreich sein, die mit der Störung verbundenen Erlebnisse noch einmal bewußt zu durchdenken und zu durchleben, wenn sie in der Erinnerung auftauchen. Häufig ist es ja nicht nur ein einzelnes Erlebnis, das die Gefühlsstörung hervorgerufen hat, sondern eine ganze Serie von Begebenheiten, die nach dem Gesetz der Serie wieder im Zusammenhang erlebt werden, wenn sie nicht behandelt und geheilt werden können.

Unter diesem Gesichtspunkt ist ein Bewußtwerden und Benennen der Gefühle, die sich oft zu einer Stimmung zusammenballen, wichtig. Man kann sich solche Gefühle in Bildern oder Metaphern klarmachen, damit sie wiedererweckt und greifbar werden.

Unsere Traumwelt stellt uns hier eine Fülle von Bildern zur Verfügung, die, wenn wir sie recht zu deuten wissen, verborgene Gefühlszustände und versteckte Gefühle entlarven. Bilder, Szenen und Personen eines Traumes sind häufig Beschreibungen für Gefühle, die wir im Wachzustand nicht wahrnehmen. So kann ein intensiver Traum oder eine Serie von Träumen bereits eine heilende Wirkung haben, weil hier Verletzungen, Kränkungen, Enttäuschungen bildhaft oder szenisch verarbeitet werden. Die erkannten und benannten Gefühle sind handhabbarer. Wir können mit ihnen ins Gespräch kommen. Wir können sie anschauen, verstehen und annehmen. Wir sind dadurch in der Lage, eine neue Beziehung zu ihnen aufzunehmen, so daß sie nicht mehr wie eine Verwundung im Verborgenen schmerzen, sondern ausheilen. Wenn eine Umstellung in der Einstellung stattgefunden hat, können sie besser in das Gesamtgefüge des Lebens eingeordnet werden.

Nicht alle Gefühlsstörungen lassen sich auf diese verhältnismäßig einfache Weise beseitigen. Manche schweren Verletzungen bedürfen einer anderen, intensiven Verarbeitung, um zu heilen (siehe Kapitel »Innere Heilung«). Eine Aufzählung von häufigen Empfindungen und Gefühlen mag als Anregung zum Nachdenken und Nachempfinden dienen: Erschüttert-sein, Erschreckt-sein, Gestört-sein, Verwirrt-sein, Gekränkt-sein, Geschlagen-sein, Beleidigt-sein, Enttäuscht-sein, Betrübt-sein, Belastet-sein, Gehemmt-sein, Frustriert-sein, Gedemütigt-sein, Verachtet-sein, Mißachtet-sein, usw. usw.

Nicht zu jeder Zeit sind gestörte Gefühle zu verarbeiten. Über ganze Lebensabschnitte hin können durch äußere Aktivität, durch berufliches, familiäres oder sonstiges Gefordertsein gestörte Gefühlsbereiche so verdrängt werden, daß das Defizit äußerlich nicht in Erscheinung tritt. Aber in Lebenskrisen oder in anderen Alters- und Entwicklungsphasen kommen diese bisher verdrängten Bereiche zu neuer Aktivität und verlangen eine Bearbeitung. Jede Lebenskrise, aber auch jeder Eintritt in einen neuen Lebensraum (Ehe oder Elternschaft z. B.) oder der Abschnitt einer Lebensperiode (Beruf, Menopause, Beginn der Rentenzeit z. B.) kann verborgene Verletzungen aktivieren. So bieten Zeiten der Krise besonders Gelegenheit, Vergangenes aufzuarbeiten. Der neue Lebensabschnitt kann danach in einer gereifteren Einstellung und als reifere Persönlichkeit angegangen werden.

Innere Heilung

Es gibt schwere Kränkungen der Person, die nicht durch das Erkennen und Benennen und durch nachdenkendes Verarbeiten geheilt werden, sondern auf einem anderen Weg zur Heilung gelangen. Dieser Weg ist ein längerer Weg, der nicht im Sinne der beschriebenen Verarbeitung verläuft, sondern der, wenn er bewußt durchlitten wird, auch zu einer Tiefenheilung führt. Wichtig ist auf diesem Weg eine gute, seelsorgerliche Begleitung, damit der Betroffene nicht auf der Strecke bleibt, sondern immer wieder Ermutigung erfährt, diesen Prozeß an sich geschehen zu lassen und auszuhalten.

Die Heilung in den Tiefenschichten der Person bei schweren Lebensstörungen durch tödlich wirkende Verletzungen im Gefühlsbereich kann in fünf Entwicklungsstufen erfahren werden. Es sind die fünf Stufen des Sterbens, die von der Psychotherapeutin Kübler-Ross bei Sterbenden beobachtet und beschrieben worden sind. An diesen Entwicklungsphasen wird deutlich, daß die innere Heilung mit dem biologischen Sterben verglichen werden kann. Auch die Auferstehung nach dem Tode ist mit einer Auferstehung der Gefühle vergleichbar. Die fünf Stufen sind:

Vorsicht!

Verleugnung, Abwehr und Haß, Verhandeln, Depression und Akzeptierung.

1. Verleugnung
Für den Sterbenden ist es oft schwer, die Tatsache seines bevorstehenden Todes anzuerkennen und sich damit auseinanderzusetzen. Obwohl die Ahnung, daß sein Leben unausweichlich zu Ende geht, in ihm ist, versucht er doch, sich dieser Erkenntnis zu entziehen.

Dasselbe erleben wir bei Menschen mit schweren psychischen Verwundungen, die oft geradezu oberflächlich behaupten, daß ihnen alles nichts ausmache, daß sie damit fertig würden, daß sie nicht gekränkt und auch nicht verwundet seien. Die Verwundung kann darin bestehen, daß ein geliebter Mensch plötzlich stirbt, daß eine Ehe zerbricht, daß ein heranwachsendes Kind seine Eltern tief in ihrem Selbstwert verletzt.

Häufig entstehen Verletzungen auch durch eigenes Versagen - durch Fehler, die man sich nicht verzeihen kann, oder durch Schuld, Ereignisse und Verhaltensweisen, die eine tiefe Beschämung verursacht haben. In einem solchen Fall ist es zwecklos, den Betroffenen überreden zu wollen, doch zuzugeben, daß er verletzt sei und daß ihm das Ganze eben doch viel ausmache. Jede Entwicklungsstufe hat ihre spezifische Zeit, nach der sie in die nächste Phase eintritt.

2. Haß und Abwehr

Wenn die Tatsachen der Verletzung nicht mehr zu leugnen sind, wenn das Bewußtsein vom Unbewußten so bedrängt wird, daß es seine Verleugnungstaktik aufgeben muß, kann diese Verletzung in einen elementaren Haß und in Aggressionen gegen die Mitverursacher dieser Situation ausschlagen. Wenn die Aggression sich nicht entladen kann, wenn der Haß nicht ausgesprochen werden darf, kann der Heilungsprozeß an dieser Stelle steckenbleiben. Hier ist eine Frömmigkeit von Schaden, in der solche Gefühle als negativ abgestempelt werden und infolgedessen nicht erlaubt sind. Dann bleibt es bei der Verdrängung, und die Heilung der Person kann nicht fortschreiten. Gelingt es aber, die aggressiven Gefühle bewußtzumachen und zu äußern, dann wird der Weg frei zu einer tieferen Schicht der Bearbeitung.

Der Umgang mit Aggressionen bedarf einer ausführlicheren Betrachtung. An dieser Stelle soll nur darauf aufmerksam gemacht werden, daß Aggressionen für den Heilungsprozeß wichtig sind, daß sie, wenn dadurch nicht neue Wunden aufgerissen werden, ein wertvoller Beitrag zur Klärung und zur Reinigung der Psyche sein können. Es mag für manchen eine Hilfe sein zu wissen, daß wir unsere Wut und Enttäuschung im Gebet zum Ausdruck bringen dürfen. Gott ist groß genug, unsere Gefühlsausbrüche anzunehmen und auszuhalten. Die Klage im Gebet ist zu Unrecht aus der geistlichen Übung gestrichen worden.

3. Verhandeln

Noch ist der Verletzte nicht bereit, die ganze Schwere und Belastung der Gefährdung voll anzunehmen. Er sucht nach rationalen Erklärungen, die ihn vor der Verzweiflung retten könnten: Andere sind schuld an meinem Schuldigwerden - die Verhältnisse sind so ungünstig gewesen, daß ein anderes Verhalten gar nicht möglich war - andere erleben dasselbe, darum ist es nicht außergewöhnlich, wenn ich auch in diese Not komme - vielleicht gibt es noch andere Möglichkeiten für die Verarbeitung dieses Problems (eine neue Therapie z. B.) - vielleicht heilt die Zeit die Wunden und läßt Gras auch über diese Verletzung wachsen, so daß ich mich nicht weiter damit beschäftigen muß . . . Für den begleitenden Seelsorger wird an dieser Stelle deutlich, wie stark das vergangene Geschehen den Menschen betrifft, und es ist wichtig, hier nicht schnelle Tröstungen oder falschen Zuspruch zu spenden.

4. Depression

Wer den Heilungsprozeß in sich aushält, wird in eine Tiefe der Hilflosigkeit oder Verzweiflung geraten, in der keine Ausrede oder Entschuldigung mehr hilft. Schuld ist dann Schuld und Kränkung bleibt Kränkung. Die Unausweichlichkeit der Situation, die Hoffnungslosigkeit einer Wiedergutmachung wird so tief erlebt, daß dieses Erleben dem Sterben gleichkommt. Das Jasagen und Annehmen ist die Vorwegnahme des Todes. Im Blick auf Schulderfahrungen ist dieses Stadium die Einsicht in die Unlöschbarkeit einer Verfehlung, in die Unabänderlichkeit eines Geschehens und die Unmöglichkeit, etwas wieder gutzumachen, was schlechtgemacht worden ist.

Depression wird hier nicht im pathologischen Sinn verstanden, sondern als Ausdruck für die Unfähigkeit, sich selbst zu helfen - für eine Gefühlslage der Verzweiflung und Ohnmacht. In der Schuldfrage gibt es jetzt keine Rechtfertigung oder Beschönigung mehr. Wenn es sich um Verletzungen und Kränkungen durch andere handelt, hört alles Um-sich-Schlagen und Beschuldigen anderer auf. Ich muß zugeben, daß ich verletzt, getroffen und gekränkt bin und daß keine Erklärung oder Entschuldigung an diesem Tatbestand etwas ändern.

Wenn dieser Zustand ausgehalten wird, hat bereits die nächste Phase eingesetzt, die Phase der Akzeptierung.

5. Akzeptierung

Es besteht ein wesentlicher Unterschied darin, ob ich eine Sache hinnehme oder annehme. Akzeptieren heißt, zu dem Erlebten ja zu sagen und sich nicht mehr dagegen zu wehren. Es eröffnet eine neue Sicht, die über den Tod hinausreicht und schon das neue Leben erahnt.

Im Schuldbereich wird die Einsicht zur Erfahrung, daß keine noch so gute Entschuldigung die Schuld wegnimmt, sondern allein die Vergebung – daß ich persönlich nichts tun kann, um heil zu werden –, daß ein Heiler nötig ist, der größer ist als ich selbst, der größer ist als die Verwundungen der Seele und größer als alle, die mir diese zugefügt haben.

Vergebung wird in dieser Phase nicht oberflächlich erlebt wie ein »Alles ist wieder gut« oder »Wir können jetzt das, was schlimm war, vergessen und wieder zur Tagesordnung übergehen«, sondern als tiefe Einsicht in das Vergangene.

Dieses Erleben steht in einem engen Zusammenhang mit dem Sterben Christi. Das Kreuz ist ursprünglich Zeichen des Todes, der Hinrichtung, der Schande, des totalen Versagens, das Ende aller Illusionen. Im Licht der Auferstehung wird es zum Zeichen des Heils, des neuen Lebens.

Im Blick auf die Heilung der psychischen Verletzungen kann das Kreuz zu einer neuen Einschätzung der Schuld verhelfen. Durch die Aufhebung der Schuld, durch die Vergebung, wird das verborgene, positive Kapital frei. Die Schuld wird zu einer wertvollen Erfahrung meiner Person umgewandelt, die mir neue Kraft vermittelt. Anstelle der verletzten und gestorbenen Gefühle können neue Empfindungen auferstehen: das Gefühl der Dankbarkeit z. B. für das, was war, und für den verborgenen Sinn, der darin lag - aber auch für das, was jetzt ist; nicht zuletzt eine große Freude über den, der die Schuld aufheben und davon erlösen kann - Christus. Aus der Barmherzigkeit heraus, die mir widerfahren ist, ersteht neu das Gefühl einer tiefen Barmherzigkeit mir selbst und anderen gegenüber. Ich erlebe eine »Freude in allem Leid« oder ein großes Staunen; manchmal auch das Geschenk eines göttlichen Humors, mit dem das eigene Leben und die ganze Welt in einem viel größer- und weitergefaßten Zusammenhang gesehen wird als bisher.

In der seelsorgerlichen Arbeit Jesu an seinen Jüngern sind solche Sterbens- und Heilungsprozesse auch andeutungsweise erkennbar. Das Gespräch des Auferstandenen mit den beiden Jüngern auf dem Weg nach Emmaus enthält Hinweise auf die genannten Heilungsstufen. Die beiden heimwandernden Jünger sind besetzt von einem Wirrwarr belasteter Gefühle. Im Blick auf die Vergangenheit sind sie enttäuscht oder sogar gekränkt - betrogen um eine große Hoffnung. Sie sind traurig. Sie sind sicher auch verstört durch die Berichte und Gerüchte, die in Jerusalem in Umlauf sind.

Interessant ist für unsern Zusammenhang, daß Jesus sich nicht sofort zu erkennen gibt. Er beschleunigt damit ihren inneren Prozeß. Er läßt sie ausreden. Sie können ihm ihre ganze Traurigkeit und Bitterkeit, ihr Verletztsein sagen. Zu den Verletzungen im Blick auf die Vergangenheit kommt ja sicher auch die Angst vor der Zukunft - vor der Blamage zu Hause und bei den Nachbarn und Bekannten, die schon immer gewußt haben, daß das Unternehmen ein riskantes Abenteuer war, das schiefgehen mußte!

Die Heilung geschieht, indem Jesus ihnen einen neuen Blick für das erschütternde Geschehen gibt - aber erst, nachdem sie genügend Zeit hatten, durch die Stufen der Enttäuschung zu gehen. Hatte nicht alles einen geheimnisvollen, tiefen, jetzt offenbar gewordenen Sinn? »Brannte nicht unser Herz? . . . « so berichten sie später von diesem Heilungsgeschehen. Im Bild gesprochen wurden innere Verletzungen und Kränkungen ausgebrannt und damit Platz geschaffen für neue Gefühle und Energien. Sie erlebten nicht nur eine Begegnung mit dem Auferstandenen, sondern auch eine Auferstehung in sich selbst.

Ähnlichkeiten eines solchen heilenden Prozesses können wir auch im Gespräch Jesu mit dem Verräter Petrus entdecken. Bei ihm geht es nicht nur um Gefühle der Enttäuschung, sondern wegen seines Verrates sicher auch um Schuldgefühle, Selbstvorwürfe, vielleicht sogar Selbstverachtung. Jesus hat ihn für einige Tage in seinem Tief gelassen. Ähnliches ist auch bei Paulus in den Tagen nach seiner Bekehrung zu vermuten.

Sehr interessant ist in diesem Zusammenhang auch die Geschichte des Propheten Elia, der nach seinem scheinbar großen Erfolg - nach dem Abschlachten der Baalspriester - in Verzweiflung und Depression gerät und dann erst auf dem Horeb eine ganz neue Gotteserfahrung macht, die ihm eine völlig neue Sicht sowohl über sich selbst und seinen Weg und Auftrag als auch über Gott gibt. Gott ist für ihn nicht mehr der zornige, richtende, schlachtende Gott, sondern der freundliche, segnende Gott, der in der Stille wohnt.

Heilung der Gefühle zeigt sich nicht nur in der Fähigkeit, sich selbst neu zu sehen, sondern auch darin, andere in einem neuen Licht zu erkennen. Die Heilung der Erinnerung macht den positiven Wert der Vergangenheit offenbar, so daß die Erinnerung nicht mehr störend das Leben blockiert, sondern es befruchtet und bereichert.

Heilung der Verstimmungen

Viele fühlen sich ihren Stimmungen gegenüber hilflos. Sie erwachen morgens mit einer Mißstimmung, ohne sagen zu können, woher diese kommt, oder zu wissen, wie lange sie bleiben wird. Sie kämpfen sich durch den verstimmten Tag, der unter Umständen eine ganze Serie von Verstimmungen einleitet.

Verstimmungen können sich als permanente Unlust zu allem äußern, als Lethargie, als Verspannung oder Nervosität, als Niedergeschlagenheit, als ständiges Gereiztsein, als wirkungsvolle Haltung und als vieles andere mehr.

Stimmungen hängen mit Stimmen zusammen. Es handelt sich hierbei um innere Stimmen, die wir manchmal schon sehr früh als Kinder in uns aufgenommen haben und die wie eine Schallplatte, die ein Loch hat, immer wieder denselben Satz, dieselbe Stimme wiederholen.

Diese Stimmen sind wie Negativformeln, die sich eingeprägt haben und nun als ständige, wenn auch unbewußte Wiederholungen den Innenraum unserer Seele füllen. Solche Stimmen wirken zerstörerisch in uns und sagen uns z. B. häufig: »du bist nichts – du taugst nichts – aus dir wird nie etwas – du wirst schon sehen, wo das hinführt – das hat doch alles keinen Zweck!«.

Es gibt auch »christliche« Negativformeln, die die Stimmung eines Christen stark beeinflussen können, wie z. B. »Ich elender Mensch – ich bin unwürdig – nichts wert – nur ein Trotzdem-Geliebter – ein Wurm – ich bin nur Staub – ich kann nichts – habe nichts zu bringen« usw.

Es gibt dann noch eine Fülle von detaillierteren Äußerungen, die wir in uns speichern, und die auch unser Leben und Verhalten bis in Kleinigkeiten hinein mitbestimmen; z. B. »Du bist einfach ungeschickt – dir gelingt auch nichts - hast eben zwei linke Hände - bist ein Versager - du bist nicht gerade der Schlauste«. Diese Liste ließe sich sicher beliebig fortsetzen.

Die äußeren Umstände verderben unsere Stimmungen nicht so sehr wie unsere inneren Stimmen.

Wir wissen aber auch aus Erfahrung, daß positive Stimmen eine Umstimmung bewirken können. Wenn mir jemand sagt: »Ich liebe dich«, dann kann das einen Stimmungsumschwung herbeiführen, der meine Haltung, ja mein ganzes Leben verändert.

Am Anfang der Wirksamkeit Jesu ertönt eine Stimme vom Himmel, die sicher sehr stark sein Leben und Wirken bestimmt hat :

»Dies ist mein lieber Sohn, der mir wohlgefällt« (Luk. 3, 22).

Wir können uns vorstellen, wie dieses Wort in den verschiedenen Situationen das Innere Jesu und seine Beziehung zu Gott als Vater erfüllt hat.

Die inneren Formeln können nicht einfach gelöscht werden wie ein Tonband durch das Überspielen eines neuen Textes. Sie bedürfen einer bewußten Umstimmung, wenn sie ihre negativ bestimmende Kraft in unserm Leben verlieren sollen.

Es ist notwendig, diese Stimmen zunächst überhaupt einmal in sich wahrzunehmen, sie zu hören und vielleicht sogar darüber zu erschrecken, wieviel Einfluß sie bisher in meinem Leben auf mich ausgeübt haben. Für manchen kann diese Entdeckung eine tiefe Erschütterung auslösen. Sie kann aber auch eine Erklärung bedeuten für manche Fehlentscheidungen und für mißlungene Unternehmen, die unbewußt schon negativ programmiert waren. Zu den Negativstimmen gehören auch Stimmen wie: »Das tut man – und das tut man nicht; das schickt sich – und das schickt sich nicht!«

Diese Formeln werden oft schon sehr früh ungeprüft übernommen und eingeprägt. Sie machen unser Leben klischeehaft und angepaßt.

Zur Heilung von Verstimmungen ist es nötig, sich die inneren Formeln, Stimmen und Stimmungen bewußt zu machen und zu überprüfen. Dieser Prozeß kann sehr langwierig sein, weil viele Verhaltensweisen so tief eingeschliffen sind, daß wir sie nur in uns entdecken, wenn wir Menschen begegnen, die uns durch ihr anderes Verhalten aufschrecken oder aufhorchen lassen und die Ahnung von neuen Lebensmöglichkeiten in uns wecken.

Umstimmung geschieht durch bewußte Neuformulierung, durch Einprägen positiver Stimmen. Es ist nicht leicht, jahre- und jahrzehntealte Formeln zum Schweigen zu bringen, bzw. sie zu überstimmen. Und doch ist es möglich, durch bewußte Neuprägung Sätze in die Seele aufzunehmen, die dann ihre positive Wirkung haben und eine gute Stimmungslage schaffen. Das Auswendiglernen und sich immer wieder Erinnern und Einprägen von Verheißungen und Zusagen Gottes - das Festmachen von positiven Lebenseinstellungen ist eine mühevolle, erzieherische Arbeit an mir selbst.

Gefühle und Stimmungen können also erzogen werden. So wie sich belastende Gefühle langsam eingeprägt haben, so können auch positive Empfindungen geprägt werden und wachsen. Bilder, die man meditativ aufnimmt, sind dafür hilfreich - ebenso gute, einfache Formulierungen, die wie Merksätze durch häufiges Wiederholen einen festen Sitz in unserm inneren Gefüge bekommen und dann nach und nach selbständig wirksam werden, wie vorher die negativen Formeln selbständig wirksam waren.

Die bildhaft formulierte Aussage von Psalm 23 ist ein gutes Beispiel zur Einübung in positive Grundformeln:

»Der Herr ist mein Hirte, mir wird nichts mangeln . . .« Sie kann so oft wiederholt werden, bis eine »Feststellung« erfolgt und diese Aussage zu einem festen Bestandteil nicht nur des bewußten, sondern auch des unbewußten Personenbereiches geworden ist.

Die Feststellung, daß Gefühle wie Stimmungen nicht nur kommen und gehen können, wie sie wollen, sondern daß wir in der Lage sind, sie bewußt zu beeinflussen, kann zu einer weiteren Übung führen. So lassen sich auch Gefühle wie Zärtlichkeit und Zuneigung durch einfaches Ausüben von Zärtlichsein und Mich-Zuneigen wecken. Ich kann meine Augen und meine Hände lehren, sich einem Gegenstand, vielleicht zunächst einer Blume oder einem anderen zarten Gebilde, behutsam und vorsichtig zu nähern. Ich kann es berühren und in der Berührung durch meine Sinnesorgane eine Rückmeldung bekommen, wie das Zärtlichsein sich »anfühlt«. In diesem Vorgang des Gebens und Nehmens, des Handelns und Empfindens wird nicht nur mein Körper mit seiner Sinnlichkeit beteiligt, sondern es werden auch in der Psyche Gefühle wach.

Dasselbe gilt z. B. auch für Freundlichkeit. Im Prozeß der Heilung und Ganzwerdung ist nicht nur der Körper angewiesen auf die Seele: es kann auch die Seele durch den Körper geweckt und entfaltet werden. Körperliches Fühlen und seelisches Fühlen fließen ineinander über. Der Fluß verläuft nicht nur in einer Richtung von innen nach außen, sondern er kann auch in umgekehrter Richtung fließen: Wir können durch Berühren berührt werden und durch Anfassen zum Erfassen kommen.

Ich kann also lernen, Gegenstände, Wesen, Menschen zärtlich zu berühren. Ich kann mir vornehmen, jemanden bewußt freundlich anzusehen und mit ihm zu sprechen. Ich kann mich bewußt jemandem zuwenden und zuneigen und so mein Inneres auf ihn einstellen. Voraussetzung ist natürlich, daß dies meiner inneren Überzeugung entspricht und nicht wie ein billiger Trick angewandt wird.

Heilung durch Begegnung

Mit dem Abbau der belasteten Gefühle, Erinnerungen und Stimmungen habe ich bereits begonnen, eine neue Beziehung zu mir selbst und zu meinem Selbst zu entwickeln. Viele Menschen, vielleicht sogar die meisten, leben in ihrem Bewußtsein nur von innen nach außen und sind manchmal sehr überrascht von den Wirkungen, die sie auslösen. Vielleicht sind sie auch erstaunt über ihre eigenen Reaktionen, die sie oft selbst nicht verstehen und zuweilen bedauern.

Der Ausbau der Beziehung zu mir selbst ist eine wichtige Arbeit in der Entwicklung der Persönlichkeit. Aber wer ist das eigentlich: Ich selbst?

In dem Ausdruck »Ich selbst« sind schon zwei Bereiche der Persönlichkeit angesprochen, die miteinander in Beziehung treten können: Das Ich als Ort des Bewußtseins, des Willens – das Selbst als der Bereich, der alles Unbewußte, Unerkannte und noch in mir Verborgene umfaßt. Es läßt sich leicht vorstellen, daß das Selbst größer, umfassender und auch weiser ist als das Ich, und daß es mit dem Ich in Kontakt kommen muß, damit die Spaltung meiner Person in den bewußten und den unbewußten Bereich nicht noch größer wird und die Einzelbereiche dann u. U. ihr eigenes, getrenntes Leben führen.

Der Ausdruck »zu sich selbst kommen« macht das vielleicht deutlich. Viele Menschen sind so sehr in Außenbezüge eingespannt, daß sie keinen Bezug zu sich selbst aufbauen können. Dieser Prozeß der Selbstentdeckung, der Selbstfindung und Selbstwerdung heißt Individuation und ist weit von dem entfernt, was unter Ichsucht oder Selbstsucht zu verstehen ist. Dieser Prozeß ist vielmehr ein Weg der Erleuchtung, den uns der Geist Gottes führen will, weil er uns zu einer vertieften Selbsteinsicht, einer umfassenderen Selbsterkenntnis und damit auch zu einem besseren Umgang mit uns selbst verhilft.

Es kann in diesem Zusammenhang nur angedeutet werden, wie dieser Prozeß der Selbstfindung geschieht. Es geht um die Antwort auf folgende Fragen:

Wo und wie sind meine Gaben, meine Grenzen, meine Gefahren?

Was sind meine Prägungen, meine inneren Stimmen und Formeln, meine Defizite, meine Minderwertigkeitsgefühle?

Was sind meine geheimen, mir selbst noch nicht eingestandenen Sehnsüchte und Erwartungen?

Oft kann ich diese Bereiche nur kennenlernen, wenn ich mich an ihre Grenze wage.

Die Begegnung mit dem Du

Wer bin ich eigentlich? Das ist die Frage, die den Prozeß der Selbstfindung unermüdlich in Gang hält. Selbstbejahung, Selbstannahme,
ja, auch Liebe zu sich selbst ist erst dort möglich, wo ich mich selbst
gefunden habe, wo mein Selbst nicht mehr der unbekannte, fremde
Partner in mir ist, dem ich ausgeliefert bin, der mich manchmal in
meinen Träumen ängstigt und sich doch mit mir versöhnen will. In
der Begegnung mit mir selbst werde ich entdecken, daß ich mehr, daß
ich weniger, daß ich anders bin, als ich dachte. Ziel der Selbstfindung
ist es, sagen zu können: Ich bin der, der ich bin. Danach erst werde ich
in der Lage sein, zu überlegen, wie ich sein möchte und wie ich werden will.

Heilung durch Begegnung geschieht in der Beziehung zum Du.
Wer sich selbst nicht kennt, wird im Du immer wieder Teilen von sich
selbst begegnen - seinen Schatten. Die Splitter im Auge des Gegen-
übers sind aus dem gleichen Holz wie die Balken im eigenen Auge. In
der Liebesbeziehung suchen wir unbewußt die Ergänzung im Gegenüber, »unsere bessere Hälfte«. Solange das geschieht, sind wir aber
noch nicht fähig zu einer wirklichen Begegnung mit dem Du.

Durch das Du erfahre ich nicht nur meine Grenzen und Schatten,
sondern auch Bestätigung und Rückmeldung meiner Wirkung. Das
Du erlöst mich aus der Einsamkeit und dem Ausgeliefertsein an mich
selbst.

Nicht jede Beziehung zu einem anderen Menschen wird zu einer
heilenden Begegnung. Solange ich den anderen noch mit meinen
Vorurteilen, mit meinen Hoffnungen, die er erfüllen soll - mit Wünschen, die er befriedigen muß - betrachte, werde ich ihn immer nur
als Teil von mir selbst sehen und nicht als wirkliches Gegenüber.

Diese unreifen Beziehungen zeigen sich in Vorwürfen, in Resignation; sie erzeugen Mißtrauen und Skepsis.

Voraussetzung für eine heilende Begegnung ist die Anerkennung
der Originalität des anderen, dem ich begegne. Ich sage im stillen zu
ihm: »Ich kenne dich nicht, aber ich will dich kennenlernen. Ich verstehe dich nicht, aber ich möchte dich verstehen.« Jede echte Begeg-

nung erfordert Ehrfurcht - Ehrfurcht vor dem unbekannten anderen und seinem Ganz-anders-Sein, Ehrfurcht von seiner Originalität.

Besonders schwer sind solche Begegnungen in Beziehungen, die in Abhängigkeit bestehen. In vielen Ehen ist das so, aber auch in Familien zwischen Eltern und Kindern und in vielen anderen Beziehungsfeldern in unserm Leben. Das Beziehungsfeld Ich und Du wird zu einer heilsamen Beziehung, wenn das »und« zwischen dem Ich und dem Du als etwas Verbindendes und zugleich Trennendes gesehen werden kann. Ich und Du - das ist nicht eine Verschmelzung zweier Personen zu einer Einheit. Das »und« (+) ist ein Zeichen des Kreuzes. Es trennt uns voneinander und verbindet uns gleichzeitig als Zeichen der Vergebung. Auch eine Liebesbeziehung ist auf die Dauer gesehen nur heilsam, wenn sie nicht zu einer Verschmelzung im Sinne einer totalen Angleichung führt, sondern wenn beide Partner sich als selbständige Persönlichkeiten ernst nehmen. Sätze wie »Ich kenne dich doch« oder »Ich weiß schon, was du willst« oder » Du bist immer so und so . . . « sind Zeichen dafür, daß die Beziehung noch unreif ist. Je mehr ich mich selbst erkannt habe als unendliches und noch unerforschtes Wesen, desto leichter kann ich glauben, daß auch der andere, das Du, ein ebensolches mir unbekanntes Wesen ist.

Wie werde ich dieses Wesen kennen können, wenn ich mich selbst noch nicht kenne?

Heilung durch Begegnung mit Gott

In der Ich-Du-Beziehung erfahre ich durch meine Mitmenschen, wie ich wirke, und lerne auch meine Schatten kennen. Durch Gott erfahre ich, wer ich bin, wer ich sein kann und sein werde. Gott gibt mir meine Bedeutung. Die Begegnung mit Ihm als meinem Schöpfer lehrt mich, meine Originalität ernstzunehmen.

Die Begegnung mit Gott, dem Erlöser, schenkt mir die Möglichkeit, mich selbst anzunehmen - auch in meinen dunklen Seiten, in den Abgründen meiner Gedanken und Wünsche und Triebansprüche.

In der Begegnung mit Gott und dem Heiligen Geist erfahre ich die alles umfassende Liebe und werde ich liebesfähig.

»Die Liebe Gottes ist ausgegossen in unsere Herzen durch den Heiligen Geist« (Römer 5, 5).

So sehr wir Gott als den Einen, als Einheit erleben, so hilfreich sind doch unterschiedliche Erfahrungen mit Gott als dem Vater, als dem Sohn und als dem Heiligen Geist, weil sie in unserer Person verschiedene Erfahrungsbereiche ansprechen.

Heilung durch Heil (Ganzheit)

Oberflächlich betrachtet unterscheidet sich ein aktiver Christ von einem Nichtchristen dadurch, daß er eine zusätzliche Gewissensbelastung mit sich herumträgt: Er hat nicht nur, wie jeder Mensch, ein schlechtes Gewissen seinem Beruf gegenüber, weil er sich dort eigentlich noch mehr engagieren müßte, und seiner Familie gegenüber, weil diese von ihm mehr Zeit und Aufmerksamkeit erwartet. Bei ihm kommt nun auch noch das schlechte Gewissen gegenüber der Gemeinde oder der christlichen Gruppe dazu, wo er ja eigentlich auch noch mehr Engagement bringen müßte!

Dieses permanent schlechte Gewissen in den drei Lebensbereichen erzeugt eine enorme Spannung und eine Unzufriedenheit, die sich nicht gerade in einem befreiten, fröhlichen Christsein äußert.

An diesem Zustand ist aber ein Mißverständnis schuld. Christsein und Mitarbeit im Reich Gottes ist immer falsch verstanden, wenn es als etwas Zusätzliches zum privaten und zum beruflichen Bereich betrachtet wird. Die eigentliche Befreiung liegt doch darin, daß wir durch das Evangelium erfahren, daß unser ganzes Leben ein Leben mit Gott und für Gott ist. Es gibt keine getrennten Bereiche mehr, sondern alles ist Reich Gottes. Nicht mein Einsatz ist in erster Linie gefragt, sondern mein Sein. Sein ist aber nicht aufzuspalten in verschiedene Aufgabenbereiche, sondern kann nur in der Ganzheit erlebt und gelebt werden. Ich bin derselbe in meinem Beruf wie in der Familie und in der Gemeinde der Christen. Überall bin ich ein Mensch Gottes.

Leben im Reich Gottes umfaßt also mein Dasein, ob ich es gerade im sogenannten privaten Bereich, im Beruf oder in einem christlichen Engagement verbringe. Es gibt nur eine Welt und eine Wirklichkeit,

und zu dieser meiner Welt und Wirklichkeit gehören auch alle meine
Bereiche und Beziehungen und Aufgaben.

Es liegt eine Befreiung in der Erkenntnis: Für meine Existenz, für
meine Bedeutung, für die Betrachtungsweise Gottes kommt es nicht
darauf an, was ich tue oder nicht tue, sondern auf das, was ich bin.
Das neue, das ewige, volle Leben ist weder bestimmt von den Lei-
stungsprinzipien unserer Gesellschaft, noch ist es abhängig von Maß-
stäben der Intelligenz, der Begabung, des Standes oder der Rolle, die
ich spiele; es ist auch nicht abhängig von moralisch-ethischen Prinzi-
pien. Es hat seine Qualität in sich, im Sein als Geliebtsein von Gott.
Ich bin wertgeachtet und bestimmt zu einer Vollkommenheit im
Sinne der Ganzheit.

Der ganze Mensch, und nicht nur seine Seele, ist wichtig. Der
ganze Mensch, und nicht nur seine Sonnenseiten sind von Gott angenommen. Dieses Bewußtsein der totalen Annahme und des totalen
Schulderlasses durch die eine umfassende Liebe kann zu einer wun-
derbaren Befreiung führen; auch zu einer Befreiung der Gefühle, die
jetzt nicht mehr sortiert werden müssen in werte und unwerte Empfindungen. Ich darf weinen und lachen, mich ärgern und wütend und
zornig sein. Ich darf Begeisterung, Heiterkeit und Verliebtsein zeigen. Alles hat seinen Wert und seinen Platz im neuen Leben.

Ganzheit führt auch zu einer Freiheit des Denkens. Nicht nur die
guten und wertvollen Gedanken sind erlaubt, sondern auch die Zweifel und die kritischen Fragen. Die Heilung und das Ganzwerden der
Persönlichkeit kommt von innen und ist nicht Resultat äußerer Be-
mühungen. Zwar wird unsere Mitarbeit, und das bedeutet Mitarbeit
der ganzen Person, den Prozeß fördern, aber er ist nicht allein davon
abhängig. Der Geist Gottes bewirkt nicht nur das »Ich will«, sondern
er wirkt auch im Selbst und fördert den Prozeß der Integration der
ganzen Persönlichkeit.

Jesus gebraucht für diesen Prozeß ein schönes Bild:

»Das Wasser, das ich ihm geben werde, wird in ihm zu einer
Quelle von Wasser werden, das sprudelt, um ewiges Leben zu
spenden« (Joh. 4. 14);

und: »Wer an mich glaubt, wie die Schrift sagt, von des Leib werden Ströme lebendigen Wassers fließen« (Joh. 7, 38).

Das Geheimnis dieses Bildes von der Quelle liegt in der Deutung, die Paulus dieser Erfahrung gibt:

> »Christus in euch, die Hoffnung der Herrlichkeit« (Kol. 1, 27);
> und noch deutlicher:
> ». . . daß Christus in euch Gestalt gewinnt« (Gal. 4,19).

Wie wird diese Wirklichkeit wirklich? Geist-geistliche Geheimnisse erschließen sich nicht allein dem Intellekt, sondern sie werden von der ganzen Person im Glauben erfaßt. Geheimnisse können zwar im Blitzlicht einer großen Erfahrung erkannt werden, entfalten sich aber Schritt für Schritt unterwegs, auf dem Weg. Der Glaubende gewinnt ein neues Wahrnehmungsvermögen und achtet auf die kleinen Bestätigungen mehr als auf die großen Enttäuschungen. Der Glaubende zählt das Positive: das Aufstehen, nicht das Hinfallen- die Vergebung, nicht die Sünde - die Versöhnung, nicht den Streit - die Auferstehung, nicht das Sterben. Der Glaubende ignoriert zwar nicht die Schattenseiten, aber er ist lichtorientiert. Er täuscht sich nicht über das noch Unerreichte, aber er vertraut dem, der ihn auf den Weg gerufen hat.

7. KAPITEL

Die neue Gemeinschaft - der angstfreie Raum

Wenn Individuation – die Ganzwerdung des Menschen, seine Selbstfindung, seine Persönlichkeitsreifung - eines der großen Ziele Gottes ist, dann kann man sich leicht vorstellen, daß eine Gemeinschaft mit solchen, die auf diesem Wege sind, sehr kompliziert sein muß.

Nach allgemeinen Erfahrungen funktioniert eine Gemeinschaft dann am besten, wenn sie einfach und klar strukturiert ist. Am einfachsten, wenn nur einer befiehlt und alle anderen gehorchen und sich fügen. Je differenzierter die Menschen sind, die eine Gemeinschaft bilden, desto mehr Schwierigkeiten werden für das Zusammenleben zu erwarten sein.

Auch in christlichen Kreisen ist der Sog zur Vereinfachung deutlich spürbar. Auch hier sind Menschen gern gesehen, die sich anpassen, im Gleichschritt marschieren, die das Gleiche denken und wollen, und weniger solche, die durch eigene Ideen alles in Verwirrung bringen. Die Gemeinsamkeit und Einheit wird nach außen durch möglichst viele Aktionen und durch ein gemeinsames Glaubensbekenntnis demonstriert.

In manchen Christen lebt die Vorstellung, daß es doch letztlich nur eine richtige Konfession oder Kirche geben kann - wobei dann natürlich an die eigene gedacht wird. Fast jeder geht von der Überzeugung aus, daß er, wenn auch nicht die einzig richtige, so doch wenigstens die richtigere Erkenntnis besitzt.

Die Frage taucht auf, ob die Vielgestaltigkeit in jeder einzelnen Gruppe wie auch im großen Ganzen am Ende ein bedauerliches Handicap ist, ein Zeichen der Unvollkommenheit, oder etwa ein Angebot, eine Aufabe und Chance.

Zu bedauern sind in jedem Fall die Polemik und die Frontstellungen, mit der sich Christen unterschiedlicher Herkunft, Erfahrung und Denkweise begegnen.

Das Geheimnis einer neuen, christusgemäßen Gemeinschaft ist in der Gemeinschaft des Heiligen Geistes begründet (2. Kor. 13, 13). Natürliche Gemeinschaften leben von der Solidarität ihrer Mitglieder unter dem teilweisen Verzicht auf Individualität. Man einigt sich auf ein gemeinsames Ziel, vielleicht auch auf einen gemeinsamen Feind. Man versteht sich auf bestimmten, abgesprochenen Gebieten und

Zielen und entwickelt daraus die Formen des Miteinander oder die Grundlagen des Zusammenseins auf der Basis der Sympathie.

Die Gemeinschaft des Geistes geht über diese menschlichen Voraussetzungen hinaus, wenn sie auch viele menschliche Gegebenheiten einschließen kann. Gemeinschaft des Geistes heißt: Gemeinsame Anteilnahme und Anteilhabe an demselben Geist. Das Verbindende ist der eine Geist und nicht irgendwelche menschlichen Voraussetzungen.

Die Gemeinschaft des Geistes ist eine Gemeinschaft von befreiten Menschen, von Freien. Sie sind durch die gleiche Befreiungstat und durch die gleiche Erfahrung der Befreiung in diese Gemeinschaft hineingerufen. Sie sind, um es in einem alten Wortlaut zu sagen, »herausgeliebt« und gehören nun zur Gemeinschaft der Liebenden. Lieben aber, im vollkommenen, göttlichen Sinn, heißt frei sein, zu sich selbst gekommen sein - heraus aus der Selbstentfremdung und weg von den entfremdenden Mächten.

Liebe und Freiheit gehören zutiefst zueinander und sind die Basis, auf der das neue Leben gelebt werden kann. Die Gemeinschaft der Freien, d. h. der Liebenden als Gemeinschaft des Geistes ist damit auch bestimmt durch die Art des Geistes.

»Wo der Geist des Herrn ist, da ist Freiheit« (2. Kor. 3, 17).

Wenn wir unsere Zusammenkünfte und christlichen Gemeinschaften auf das Kriterium der Freiheit hin untersuchen, werden wir vielerorts sicher zu einem erschreckenden Ergebnis kommen. Wieviel Unfreiheit, Angst, Verstecken, Verkrampfung gibt es doch in Gemeinschaften, die das Evangelium als ihren Mittelpunkt betrachten und in denen sicher jeder einzelne der Überzeugung ist, daß er dem Evangelium gemäß lebt.

Wie schon gesagt: Das Leben in einer Gemeinschaft von Freien ist schwer. Was für eine Form müßte so eine Gemeinschaft denn haben? Wenn Ziel und Voraussetzung die Freiheit des einzelnen und eine unabhängige Liebe wären – könnte dann überhaupt etwas Gemeinsames entstehen? Müßte das nicht chaotisch enden? Das entspräche dann doch wohl, in der politischen Terminologie ausgedrückt, der Anarchie – das heißt, einer Lebensweise ohne hierarchische Strukturen, ohne sichtbare Regierung, dem freien Spiel der Kräfte und Interessen überlassen.

Daß diese Bilder verwirren und erschrecken, ist verständlich, und es ist sicher sinnvoll, an dieser Stelle nicht zu rasch menschliche, diesseitige Vergleiche heranzuziehen - weder, um die Möglichkeit einer solchen Gemeinschaft des Geistes zu beweisen, noch um ihre Unmöglichkeit aufzuzeigen. So wie das neue Leben im einzelnen auf das Wunder der Wirkungen Gottes und seines Geistes angewiesen ist, ist sicher auch die Entstehung einer neuen Gemeinschaft von erneuerten Menschen an ein Wunder gebunden.

Das Merkmal, das Jesus seiner Jüngergruppe als Echtheitszeichen genannt hat, ist die Liebe.

»Daran soll jedermann erkennen, daß ihr meine Jünger seid, so ihr Liebe untereinander habt« (Joh. 13, 35).

Dieses Merkmal ist jedoch nicht mehr eindeutig. Wir erkennen uns heute weitgehend am gleichen Ritus und an der gleichen Theologie.

Bleibt nun die neue Gemeinschaft von Menschen, die aus der Liebe und aus der Freiheit heraus leben wollen, eine Utopie, oder gibt es praktische Schritte zur Verwirklichung in dieser Richtung?

Eine Gruppe von Christen, die sich zusammenfindet, um miteinander zu gehen, miteinander zu leben, wird immer wieder genötigt sein, zeitgebundene Vereinbarungen zu treffen, Gemeinschaftsformen zu suchen oder auch Regeln des Zusammenlebens zu finden, um überhaupt eine Ausgangsbasis für das Miteinander zu haben. Wichtig ist, daß all diese äußeren Merkmale als vorläufig, als uneigentlich gesehen werden - daß diese Regeln nicht zu Kriterien für Aufnahme und Ausschluß der Mitglieder erklärt werden. Alle Regeln und Formen, ohne die wir uns kein menschliches Zusammensein vorstellen können, sollten als etwas Vorläufiges, Unzureichendes und letztlich als etwas den Geist der Freiheit Störendes betrachtet werden. Keine Form darf aus lauter Respekt vor dem Geist für heilig erklärt oder zum Gesetz oder zur Verbindlichkeit werden. Es wäre sicher im Sinne Jesu, in einer Gemeinschaft der Freien den einzelnen ernster zu nehmen als die Gesamtheit. Das ist menschlich unmöglich. Die mensch-

lichen Organisationen stehen unter dem Zwang, daß sich der einzelne
der Gemeinschaft unterzuordnen hat, daß er notfalls der Gesamtheit
geopfert wird und daß möglichst keine Präzedenzfälle geschaffen
werden. Geistlich gesehen müßte hier ein Umdenken erfolgen. Es
wäre immer wieder der Versuch zu machen, den einzelnen so ernst zu
nehmen in seiner inneren Entwicklung, in seiner Erkenntnis und
Gewissensbindung, in seinem Maß an Freiheit, daß die Gemeinschaft
sich auf ihn einstellt und ihn integriert. Denn nur durch die Freiheit
des einzelnen werden auch immer wieder neue Freiräume für die
Gemeinschaft gewonnen.

Paulus versucht, dieses Problem in Römer 14 zu bearbeiten. Er unterscheidet zwischen Schwachen und Starken. Die Starken sind die
Flexiblen, die sogar auf ihre Freiheit verzichten können - während die
Schwachen noch Formen, Verordnungen und Regeln brauchen. Offensichtlich wollte Paulus doch aber die Schwachen stärken und nicht
umgekehrt die Starken schwächen.

Merkmal der Gemeinschaft des Geistes ist der angstfreie Raum. Es
gibt naturgemäß keinen angstfreien Raum, keine völlig angstfreie
Gemeinschaft. Überall, wo Menschen zusammenkommen, summie-
ren sich die Ängste, die die einzelnen mitbringen. Es gibt aber Hilfen
zum Angstabbau. Hier liegt die Aufgabe. Angst kann nicht wegbe-
fohlen werden. Genauso unsinnig wie der Befehl: »Sei spontan!«-
wäre auch die Aufforderung: »Habe keine Angst« oder »Du brauchst
doch keine Angst zu haben!«

Voraussetzung zum Angstabbau ist die Möglichkeit, die Angst zugeben zu dürfen und darüber sprechen zu können. Da wir alle noch
auf dem Weg sind, sind wir auch alle noch angstbesetzt. Wir sollten
damit rechnen und dies zugeben. Damit wird denen, die noch mehr
Angst haben, Mut gemacht, ebenfalls ihre Ängste aufzudecken und
anzunehmen.

Jesus hat in seinen Abschiedsreden einige Andeutungen über den
angstfreien Raum, d. h. über die neue Gemeinschaft gemacht. Sie
klingen für unsere Ohren so utopisch, daß sie besonders bei erfahrenen und verantwortlichen Christen Angst auslösen.

Jesus deutet z. B. an, daß es in der neuen Gemeinschaft keine Hierarchie geben soll:

»Ihr dagegen sollt euch nicht Rabbi nennen lassen,
denn einer ist euer Meister, ihr alle aber seid Brüder.
Nennt auch niemand auf Erden euren Vater,
denn einer ist euer Vater – der himmlische« (Matth. 23,8.9).

Jesus tastet hiermit das Urphänomen der menschlichen Entwicklung
an. Das Kind steht unter der Autorität der Eltern. Hier liegt der Ursprung jeder Hierarchie. Abbau der Hierarchie bedeutet also einen
Widerspruch gegen alle menschlichen Urerfahrungen und alle gesellschaftlichen Formen, die wir bis heute kennen.

Ein solcher Versuch auf menschlicher Ebene und mit menschlichen
Mitteln würde zu einer chaotischen Anarchie führen und wäre mit
Recht zu fürchten. Durch die Erfahrung des Geistes als Geist der Liebe, des Respekts vor jedem einzelnen - seiner Originalität, Begabung
und Berufung - könnte, zumindest ansatzweise, eine neue Gemeinschaft entstehen.

In diesem Zusammenhang steht auch ein anderes Wort Jesu, das
auf den Abbau der Lehrautorität zielt:

»Der Geist der Wahrheit wird euch in die ganze Wahrheit leiten«
(Joh. 16, 13 und 14, 26; vergl. Matth. 10, 19 u. 20).

Die Kontinuität der Lehre in der christlichen Gemeinde könnte also,
wenn Jesus hier richtig verstanden wird, dem Heiligen Geist überlassen bleiben, und es bedürfte keiner menschlichen Hilfskonstruktion,
wie wir sie mehr oder minder deutlich in allen Konfessionen vorfin-
den. Die Frage, wie dann falsch und richtig - Ketzerei und reine Lehre
- zu unterscheiden sind, bleibt offen. Vielleicht läßt sich diese Frage
menschlich überhaupt nicht lösen, weil sie ein fast übergroß erschei-
nendes Maß an Vertrauen in die Kraftwirkungen des Geistes erfordert. Er müßte es dann fertigbringen, nicht nur die Gesamtheit der
Glaubenden, sondern auch jeden einzelnen in alle Wahrheit zu leiten.
Vom Standort der Konfessionen betrachtet gibt es keine Ketzerei, die
nicht durch ein Lehramt bestätigt worden wäre. Tatsache ist, daß uns
die Lehrämter nicht zu einer Einheit des Glaubens und der Erkenntnis
Gottes geführt haben, sondern daß sie im Gegenteil die Unterschiede
fixierten und dies immer noch tun.

Beim Aufbau des angstfreien Raumes muß der Abbau der sozialen und der rassischen Unterschiede sowie der Unterschied zwischen den Geschlechtern mitbedacht werden, denn hier bestehen auch massive Ängste. Der sozial Höherstehende macht dem ihm Unterstellten angst. Die eine Rasse schätzt die andere gering. Der Sexismus, d. h. die Bewertung des Menschen nach seinem Geschlecht, ist auch ein ständiger Quell für Frustrationen, Ärger und Angst. Gehört hierhin nicht das Wort aus Galater 3,26.27?:

». . . denn ihr seid alle Söhne Gottes durch den Glauben an Jesus Christus (hier sind sicher auch die Töchter mitgemeint!). Denn ihr alle, die ihr auf Christus getauft seid, habt Christus angezogen. Da ist nicht Jude noch Grieche, da ist nicht Sklave noch Freier, nicht Mann und Weib, denn ihr seid alle einer in Christus Jesus.«

Sicher sind diese Aussagen heute noch Utopie. Manchem erscheinen sie sicher wie eine Vorwegnahme der Vollendung. Aber sollten wir nicht wenigstens den Weg in dieser Richtung suchen und ihn gehen?

Die Überwindung des Sündenbock-Syndroms

Schon immer haben Menschen, die miteinander auskommen mußten, versucht, ihre Angst voreinander zu überwinden. Eine beliebte und bewährte Methode ist die Suche nach dem Sündenbock. Unsere Psyche ist so organisiert, daß sie Angst und bedrohliche Gefühle nach außen verlagern kann. Wenn in einer Gruppe zu viel Angst voreinander herrscht, läßt sich diese Angst gut damit kaschieren, daß man ein Feindbild aufbaut. Der Feind trägt dann die Projektionen der Angst. *Er* ist dann der Böse, die Bedrohung der Gemeinschaft. Weil die Bedrohung als von außen kommend erlebt wird, kann sich die Gruppe dadurch besser innen zusammenschließen.

Eine Gesellschaft, die nicht in der Lage ist, sich selbst richtig, d. h. umfassend mit ihren Licht- und Schattenseiten, zu sehen, braucht für ihr psycho-soziales Gleichgewicht immer Personen oder Personengruppen, auf die sie ihre »bösen, negativen« Anteile projizieren kann.

Zur Wirbildung in einer Gemeinschaft wird häufig das Gegenüber, das »ihr« gebraucht. »Wir« - das sind die Guten, die Richtigen, die Rechtgläubigen. »Ihr« - das sind die auf dem Irrweg, die Gefährdeten oder Gefährlichen, die Bedrohten oder die Bedrohlichen.

Auch in der großen Politik ist dieses Phänomen überall zu entdek-ken. Oft ist das Gleichgewicht der Mächte auf der Instandhaltung die-ses Sündenbocksyndroms aufgebaut: Der andere draußen trägt deut-lich alle Zeichen der bösen Absicht. Tatsächlich ist er aber nur Träger der eigenen unerkannten und unbewußten Motive. In der Politik wird der Sündenbock systematisch aufgebaut. Vielleicht aber nicht nur dort! Was ich bei mir noch nicht sehen kann, noch nicht für mög-lich halte, entdecke ich aber bereits beim anderen. Unsere gesell-schaftlichen Systeme sind durchweg nach diesem Muster gebaut. Jede Diktatur braucht ihren Feind, jede Demokratie braucht ihre Op-position.

Eine Gemeinschaft, die ohne Feindbild auskommen will, benötigt ein hohes Maß an Selbsteinsicht. Sie muß bereit sein, die eigenen Schattenseiten zu erkennen und anzunehmen. Ob nicht sogar unsere Vorstellung von der Ewigkeit mit den Gegensatzpolen »Hölle« und »Himmel« – hier die Guten, dort die Bösen – eine ins Unendliche pro-jizierte Sündenbockproblematik ist?

Die Lösung der Angstfrage durch die Projektion nach außen ist – wenn überhaupt – sicher nur eine vorübergehende Lösung und ent-spricht nicht der neuen Gemeinschaft des Geistes.

Zur neuen Gemeinschaft gehört das, was im 1. Johannesbrief for-muliert ist und der Rücknahme der Projektionen entspricht:

> »Wenn wir sagen, daß wir keine Sünde haben, führen wir uns selbst irre und die Wahrheit ist nicht in uns. Wenn wir aber unsere Sünden bekennen, so ist er treu und gerecht, daß er uns die Sünden vergibt und uns von aller Ungerechtigkeit reinigt« (Joh. 1, 8-9).

Hier wird von der Gemeinschaft im Licht gesprochen, die nur dort zu-stande kommt, wo auch der Schatten erkannt, aufgenommen und be-arbeitet wird.

Die Annahme des Schattens, der Fehler, der Sünden ist nicht nur ein Problem, sondern sie bietet auch eine Chance zur Entfaltung der

Liebesfähigkeit, der Liebe zu sich selbst und zu anderen. Wo die dunklen Seiten der Person verdrängt werden, wird auch das Wachstum verhindert.

Um an dieser Aufgabe zu arbeiten, sind einige Grundeinstellungen hilfreich. Das ist zunächst die Grundeinstellung des *Nicht-Richtens*, weil das Richten die Eigenproblematik nach außen verlagert, den eigenen Maßstab absolut setzt und den anderen, der gerichtet wird, in seiner Entwicklung nicht ernst nimmt. Damit nimmt man auch den Geist, der in ihm und an ihm wirksam ist, nicht ernst. Der Geist hat mit jedem seine Zeit und wird jeden zu seiner Zeit in seine Wahrheit leiten.

Zum anderen ist eine Einstellung wichtig, die im Neuen Testament mit *Barmherzigkeit* bezeichnet wird.

»Deshalb sollt ihr barmherzig sein, wie euer himmlischer Vater barmherzig ist« (Luk. 6, 36);

»Barmherzigkeit als göttliche Tugend rühmt sich gegen das Gericht« (Jak. 1, 13).

Barmherzigkeit ist der Triumph des Herzens über den Verstand - die Überwindung des Rechtsanspruchs durch die Liebe.

Beide Qualitäten, das Nicht-Richten und die Barmherzigkeit, sind nur dem zu eigen, der an sich selbst erlebt hat, daß er keinem Gericht standhalten kann, daß er selbst auf Barmherzigkeit angewiesen ist. Wer dies annimmt und zugibt, setzt sich selbst in den Stand der vom Geist angebotenen Freiheit und kann dadurch auch seine Umwelt freisetzen und einen angstfreien Raum um sich schaffen, der die Lebensprozesse des neuen Lebens fördert.

Betroffensein und Offensein

Zwei weitere Merkmale für die neue Gemeinschaft, für diejenigen, die den Versuch machen, sie zu verwirklichen, sind Betroffensein und Offensein. In der neuen Gemeinschaft gibt es keine Guten und Bösen, keine Könner und Nichtkönner, sondern nur Betroffene.

Gott hat die Menschheitsprobleme auch nicht vom grünen Tisch her, vom hohen Himmel herab, gelöst, sondern sich selbst zum äußerst Betroffenen gemacht. Er hat seinen Sohn in einen Lern- und Leidensprozeß geschickt und ihn damit für uns zum Menschenbruder gemacht. Auch das geschriebene Wort Gottes ist nicht als fertige Gebrauchsanweisung bei der Geburt Jesu mitgeliefert worden; es hat auch einen Leidens- und Entwicklungsprozeß durchmachen müssen und ist damit zum Menschenwort, d. h. zum Wort für Menschen geworden, das nicht Ideale beschreibt, sondern Wege zeigt. Jesus war kein Alleswisser und Alleskönner, der das Menschenleben ohne Schwierigkeiten gemeistert hätte. Er war ein Betroffener – betroffen von der Not, vom Leid, von der Armut und von Angst. Nur als ein Betroffener konnte er in die Nachfolge rufen. Wer hätte ihm sonst vertraut? Die Jünger sind keinem Lebenskünstler gefolgt, von dem man Tricks hätte lernen können, wie man besser durchs Leben kommt. Sie spürten, daß er sich selbst unter das Kreuz stellte, wenn er vom Kreuz-auf-sich-Nehmen sprach.

Das war es, was ihn von den Lehrern seiner Zeit unterschied. Diese legten Vorschriften und Lasten auf, ohne selbst den Finger krumm zu machen (Matth. 23, 4). Er aber war mitten unter denen, die sich in den Belastungen des Lebens abmühten. Deshalb konnte er auch sagen: »Lernet von mir, denn ich bin . . .« (Matth. 11, 29).

Die neue Gemeinschaft ist also keine Gesellschaft von Könnern, sondern die Schar derer, die sich vom Leben mit seiner notvollen Seite immer wieder neu betreffen lassen, aber auch vom Anruf zu dem neuen Leben. Sie sind nicht Lebenskünstler, sondern Übende, Lernende, die Fehler machen können und darum für fehlerhafte Menschen ein besonderes Verständnis aufbringen. Sie sind nicht weltfremd, nicht ständig überrascht oder empört über die böse Welt. Sie kennen sich selbst zu gut und wissen, daß ihnen nichts Menschliches fremd ist. Ihr Betroffensein macht sie vorsichtig im Urteil, verständnisvoll für Versager und liebevoll Mutlosen und Enttäuschten gegenüber. Sie wissen, daß sie alle Schattenseiten, die sie bei anderen sehen, nur deshalb wahrnehmen können, weil sie dieselben Schatten auch in sich tragen. Sie sind Jesu Weggenossen, selbst noch unterwegs und unfertig - Wandelnde, d. h. in der Wandlung befindlich.

Offenheit

Offenheit ist kein zwingendes Ideal, das um jeden Preis durchzusetzen wäre. Es gibt einen Zwang zur Offenheit, der mehr schadet als nützt, mehr abschreckt als anzieht.

Auch im Umgang mit Offenheit können wir von Jesus lernen. Er sagte nicht allen alles. Er vertraute sich nicht vorbehaltlos an - auch nicht seinen Jüngern. Da gab es vieles, was er ihnen noch nicht sagen konnte, weil sie es noch nicht ertragen hätten (Joh. 16, 12).

Jesus trug sein Geheimnis mit sich. Er publizierte nicht öffentlich, daß er der Sohn Gottes sei, und auch nicht, was er über die Menschen dachte. Und doch hatte jeder bei ihm das Gefühl, sich ihm offen anvertrauen zu können. Seine Offenheit war heilsam, nicht bloßstellend oder verletzend. Er konnte aber auch durchaus verletzen, wo es heilsam war.

Offensein ist das Gegenteil von Verstecktsein. Leben ohne Offenheit ist da, wo ich das, was in mir lebt, nicht äußern darf - da, wo ich Nöte und Schwächen und Fehler geheimhalten muß, weil es keine Gemeinschaft gibt, der ich mich zumuten kann.

Offenheit ist andererseits auch ein Gradmesser für das Vertrauen, das ich in eine Gemeinschaft setze - für ihre Tragfähigkeit, ihre Fähigkeit, sich zu solidarisieren und mich zu verstehen und anzunehmen.

Sich-Öffnen oder Sich-Verschließen entscheidet über Wachstum oder Regression. Der in sich verkrümmte Mensch aus Angst, Traurigkeit, Hemmungen, Minderwertigkeitsgefühlen oder Scham verschließt sich den liebenden und heilsamen Kräften, die ihn in der Begegnung mit Gott und mit Menschen befreien wollen. Was wäre also wichtiger in unsern Gemeinschaften als eine Atmosphäre, in der Liebe und Offenheit gelingt? Offenheit im geschützten Raum derer, die gelernt haben, sich ungeschützt zu öffnen. Die Gemeinschaft des Geistes wird diese untrüglichen Merkmale an sich tragen.

8. KAPITEL

Verwirklichung der Lebensfreude

Vollendung und Vollkommenheit zielen immer auf das Ganze - sowohl für den einzelnen als auch für die gesamte Menschheit - auf die Einheit von Natur und Geist, von Welt und Reich Gottes.

Paulus ist der Schriftsteller im Neuen Testament, der das am deutlichsten zum Ausdruck bringt. Er gebraucht Worte wie »alle« und »alles« – »ganz« und »das Ganze« am häufigsten.

Es geht bei der Verwirklichung der Lebensfreude um eine Durchdringung aller Bereiche des Lebens, um eine Ausweitung in alle Richtungen; nach innen im Sinne der Vertiefung, nach außen im Sinne der Erweiterung. Lebensfreude ist Anzeichen einer gelungenen Entwicklung, *Ausdruck der Harmonie*. Leib und Seele freuen sich. Der einzelne ist in Harmonie mit sich selbst und mit seiner Umwelt.

Man könnte diese Lebensfreude, die auf Ganzheit und Harmonie beruht, von der geistlichen Freude unterscheiden, die einen hohen Stellenwert hat und zur Frucht, d. h. zu einer Wirkung des Heiligen Geistes gehört. Sie ist unabhängig von den naturgegebenen Voraussetzungen. Sie ist nicht an Harmonie gebunden. Sie beweist sich auch noch in großen Disharmonien.

Manchmal werden Christen von ihren Mitmenschen wegen ihrer Tapferkeit bestaunt, wegen ihrer Freude trotz aller Probleme, trotz Leid und Schmerz. Dieses Staunen kann zwar ein Ausdruck von Bewunderung sein, aber auch ein Ausdruck von Distanz. Man findet diese Freude erstaunlich, aber man möchte sie nicht haben. Man möchte nicht so erleben und leben und auch nicht so werden.

Vielleicht spüren solche Menschen, daß die »christliche« Lebensfreude manchmal ganze Bereiche, die zu unserm Menschsein gehören, ausschließt. Durch moralische Gesetze und eine Überbetonung des Geistes, die den Leib und seine Sinne abwerten und zu einem Mißverhältnis in der Gesamtheit der Person beitragen, erscheint das Leben u. U. einseitig, zu sehr jenseitsgerichtet, blaß und ohne Anziehungskraft. Solange wir Menschen sind, wirkt nur eine Freude, die den ganzen Menschen erfaßt, erstrebenswert und überzeugend.

Im Maße des Wachstums unserer Persönlichkeit wird die »geistliche« Freude die »natürliche, kreatürliche« Freude mit einschließen und erfüllen. Lebensfreude wächst wie alles Geschaffene. Die Fähigkeit zur Freude, zur Lebensfreude, ist im Menschen angelegt.

Wir erleben Freude am stärksten da, wo wir der Schöpfung am nahesten sind – beim Säugling oder Kleinkind z. B., bei denen die Welt noch in Ordnung ist. Mit dem Dazukommen immer neuer Lebens- und Erfahrensbereiche wird die Harmonie des Anfangs gestört und damit die Lebensfreude beeinträchtigt.

Lebensfreude hat mit *Glücklichsein* zu tun. Manche versuchen Glücklichsein zu erreichen, indem sie andere glücklich machen. Es ist ein Volksglaube, daß die besten Menschen diejenigen sind, die möglichst viele andere glücklich machen. Das ist eine sehr oberflächliche Betrachtungsweise. Nicht ein Glücklichmacher beglückt seine Umwelt, sondern ein glücklicher Mensch wirkt beglückend. Glücklichmacher sind wie Spaßmacher. Sie sind zu aktiv, sie sind »Macher«. Ihre Aktivität macht die anderen passiv. Ihr Können und Wollen weckt bei den anderen Minderwertigkeitsgefühle und manchmal sogar ein schlechtes Gewissen. Was der andere alles kann und für mich tut, um mich glücklich zu machen! (–und was tue ich?). Glück und Lebensfreude lassen sich eben nicht machen, sondern sind Seinsweisen und Lebensart.

Seinsweisen und Lebensart sind aber nicht nur Geschenke, die vom Himmel fallen, sondern bedürfen der Mitwirkung des ganzen Menschen. So ist auch echte Freude nicht nur eine Gabe, die man empfängt, sondern eine Frucht, die langsam wächst.

Der bekannte Naturwissenschaftler und Theologe Teilhard de Chardin hat dies an einem Beispiel treffend deutlich gemacht.

Er berichtet von einer Gesellschaft, die sich zu einer Bergtour aufmacht, um einen schwierigen Gipfel zu erreichen. Nach ein paar Stunden läßt sich deutlich feststellen, daß die Gesellschaft sich in drei Gruppen gegliedert hat.

Da ist einmal die Gruppe der *Müden*. Sie bedauern, überhaupt angefangen zu haben. Für sie stehen Anstrengung und Erfolg in keinem Verhältnis; Einsatz und Gewinn entsprechen sich nicht. Sie kehren um und sind froh, daß sie die Mühe hinter sich haben.

Die zweite Gruppe ist die Gruppe der *Genießer*. Sie sind bald zufrieden, fragen sich, warum sie eigentlich noch höher hinauf sollen. Hier ist es schön; also bleiben sie, wo sie sind. Sie nutzen die Aussicht und die Gegebenheiten und freuen sich an dem, was ist.

Die dritte Gruppe ist noch unterwegs, im Aufstieg. Diese Bergsteiger sind die *Begeisterten*. Sie werden sich durch alle Gefahren bis zum Gipfel durchschlagen. Sie erleben schon Freude in der Vorfreude auf das gesetzte Ziel. Sie genießen unterwegs schon die schöne Aussicht und die Rastpausen, die ihnen Erholung und neue Kraft geben. Aber ihnen genügt das bisher Erreichte nicht. Sie wollen auf die Spitze, sie wollen höher und weiter.

In diesem Bild werden drei Arten von Glück oder Freude beschrieben: Erstens: das Glück der Ruhe. Kein Ärger, kein Risiko schränken die Bedürfnisse ein. Keine Anstrengungen und Spannungen stören das Gemüt.

Zweitens: das Glück des Vergnügens. Das Erreichte und den Augenblick genießen. Das ist nicht von Dauer und bedarf unaufhörlich neuer Anreize, aber es füllt das Leben mit Farbe und Lebendigkeit.

Drittens: das Glück des Wachsens – nicht allein das Vergnügen der Ruhe – nicht allein der Spaß, das Genießen, sondern die Freude auf das Kommende ist das Glück. Der Rückblick auf das, was schon bewältigt ist, das Ausruhen und Kräftesammeln vor der neuen Anstrengung und das Genießen dessen, was der Weg an Schönheit und Vielfalt geboten hat, wird überboten von der Sehnsucht nach dem höheren und umfassenderen Ziel. Der Blick nach vorn schenkt Mut und Antrieb, weiterzugehen – weiterzuwachsen. So ist die Lebensfreude kein fertiges Produkt, sondern in fortwährender Entwicklung und Entfaltung begriffen.

Wir finden in der Schöpfung *zwei Tendenzen* vor, die sich zu widersprechen scheinen. Einmal den *Trend zum Zerfall*, zur Auflösung in die Grundelemente – ein Sterbe- und Auflösungsprozeß; zum anderen den *Trend zum Aufbau immer komplexerer Lebensformen*, zu immer höheren und komplizierteren Lebensqualitäten: vom Atom zum Molekül, vom Molekül zur lebendigen Zelle, von der Zelle zu Zellgruppen bis zu den erstaunlichen Lebensprozessen, wie sie z. B. in unserm menschlichen Gehirn ablaufen. Der erste Trend ist ein Sog nach unten und der zweite ein Sog nach oben. Der eine verläuft zum Dunkeln hin, der andere zum Licht. Jeder Trend hat seine Anziehungskraft auf uns. Wir spüren in uns die Tendenz zum Sterben, zur Bequemlichkeit, zur Ruhe, zur Auflösung, zu immer einfacheren

Denk- und Lebensabläufen. Gleichzeitig aber ist in jedem von uns auch ein Sog nach oben wirksam, eine weckende und lockende Kraft des Lichtes, das Leben als Herausforderung anzunehmen – nicht mit einer vorschnellen Harmonisierung zufrieden zu sein, sondern die Vielfalt des Lebens zu erfahren und immer neue Lebensbereiche zu integrieren.

Verwirklichung der Lebensfreude bedeutet in diesem Zusammenhang sicher auch die Entdeckung und Entfaltung vorhandener Begabungen und *kreativer Fähigkeiten*. Es bedeutet sicher auch, dem *Denken neue Räume zu erschließen* – unsern geistigen Horizont zu erweitern und Neues, Unbekanntes kennenzulernen.

Jesus will uns zu vollkommener Freude führen. Er spricht in seinen Abschiedsreden davon:

» . . . damit meine Freude in euch sei und eure Freude vollkommen werde« (Joh. 15, 11);

»euer Herz wird sich freuen und eure Freude nimmt niemand von euch« (Joh. 16, 24);

» . . . damit sie in sich meine Freude vollkommen haben« (Joh. 17, 13).

Diese Freude im Geist steht aber nicht im Gegensatz zur natürlichen, dem Schöpfungsprinzip entsprechenden Freude, sondern sie befreit sogar zu ihr, erfüllt und erhöht sie.

Leider beziehen viele Christen die Erlösungstat Christi nur auf den schmalen Sektor ihres moralischen Versagens. Zum Teil hängt diese Verengung mit einem verengten Sündenbegriff zusammen. Sünde ist keine moralische Kategorie, sondern betrifft alles, was das Leben in seiner Entfaltung und Verwirklichung hemmt und hindert. Dazu gehören Krankheiten des Leibes und der Seele – gestörte Beziehungen zu uns selbst und zu anderen und zu Gott – ein Leben unter dem Niveau, das es eigentlich haben könnte.

Nur wenn wir diesen erweiterten Sündenbegriff akzeptieren, können wir das Erlösungswerk Christi, das mit seinem Kommen begonnen hat, in seiner ganzen, umfassenden Wirkung erkennen und in Anspruch nehmen. Sein Tod und die Auferstehung schenken Lebenskräfte, die für alle Lebensbereiche bestimmt sind und in allen Störungsfeldern und Dunkelheiten zur vollen Auswirkung kommen

sollen. Eine Einschränkung der Vergebung auf die Störungen im moralischen Bereich ist eine Verengung des Evangeliums. Diese hat sich
nicht nur im Leben der Christen zum Nachteil ausgewirkt, sondern
auch auf die Verbreitung der Frohen Botschaft. Die Freude über die
vollkommene Erlösung ist dabei zu kurz gekommen. Die Heilungse-
nergien, die durch den Heiligen Geist in die Welt fließen, betreffen
alle Bereiche unseres Lebens. Gott liebt die ganze Welt mit allem, was
zu ihr gehört, und möchte sie den Pulsschlag seiner Freude spüren
lassen.

Jesus hat seine Jünger in eine immer engere Beziehung zu sich
selbst gezogen. Er hat sie immer tiefer in seine Gedanken und Absich-
ten hineingenommen - in seine Art, die Welt zu sehen und mit Gott
zu sprechen. Am Schluß seines Lebens hat er sie seine Freunde genannt. Seine Freude, seine Art, das Leben zu leben und die Beziehungen zu gestalten, sind für sie Vorbild.

Jesus war ein ganzer Mensch, und seine Lebensfreude zeigte sich in
allem. Er konnte Essen und Trinken genießen, er liebte die Gesellschaft von Menschen und das Alleinsein, die Einsamkeit und das Gespräch mit Gott. Er liebte die ihn umgebende Natur – die Fülle der
Gleichnisse und Beispiele, die aus diesem Bereich stammen, sprechen
dafür. Er liebte die Kinder und Frauen. Er konnte den Schlaf genießen
und die Nachtgespräche mit Freunden.

Jesus war kein trockener Asket und kein fanatischer Kämpfer für
eine Idee – noch nicht einmal ein Kämpfer für die Wahrheit. Er lebte
sie – sein Leben war Wahrheit.

Keiner konnte ihn für sich oder für seine Zwecke beschlagnahmen,
er gehörte ganz sich selbst. Er war von niemandem abhängig und deshalb für alle zugänglich. Er war nicht nur lebendig, sondern das Leben
in Person. Er war nicht nur freudig, sondern die Freude.

In ihm erfüllt sich die Lebensfreude im Sinne der Schöpfung und
Erlösung. Er war nicht nur ganz Mensch, sondern der ganze Mensch,
die integrierte Persönlichkeit.

Wir folgen keinem Ideal, sondern indem wir an ihn glauben, folgen
wir dem Menschen Jesus nach, der uns nicht absolute Ziele und Maß-
stäbe gesetzt hat, sondern in dem Gott ganz verwirklicht war und in
dem die Freude vollkommen wohnte.

9. KAPITEL

Abenteuer des Denkens

Eine kritische Frage, die viele Christen heute bewegt, ist die, ob es mit unserer Welt zu Ende geht oder ob wir vor einem neuen Anfang stehen. Sind wir nur noch Konkursverwalter auf einer total abgewirtschafteten Erde? Sollten wir uns nicht schnellstens eine Arche bauen, um bei der unausweichlichen Katastrophe davonzukommen? Ist vielleicht die Gemeinde Jesu eine solche Arche? Oder stehen wir an einer Zeitenwende, die zu Pfingsten mit der Ausgießung des Heiligen Geistes über die Jüngerschar und über alles Fleisch (Apg. 2) begonnen hat? Stehen wir – in einem biblischen Bild ausgedrückt – am Spätabend des letzten Schöpfungstages oder hat mit Pfingsten der Morgen des achten Schöpfungstages begonnen? Das könnte heißen, daß am sechsten Tag der Mensch als krönender Abschluß allen Lebens geschaffen wurde und nun am Anfang des achten Tages der neue Mensch, die neue Kreatur, die Söhne und Töchter Gottes stehen.

Stehen wir also am Anfang oder am Ende? Die Zukunft wird uns die Antwort geben. Sitzen wir in einem sinkenden Schiff oder haben wir noch eine lange Fahrt vor uns? Dann müßten wir alle Kräfte sammeln, um den Sturm unserer Zeit zu bestehen. Mir scheint, daß schon viele in die Rettungsboote gestiegen sind, der Welt ade gesagt haben und nur noch darauf warten, daß sie endlich untergeht.

Ende der Welt – oder neue Chance

In der Weltpolitik wird noch sehr engagiert um das Weiterbestehen der Menschheit gerungen. Hier hat man noch nicht aufgegeben.

Hat Gott die Welt aufgegeben? Ist der Sendungsbefehl aus Matth. 28 schon zurückgenommen? Hat Jesus zum Rückzug seiner Jünger geblasen, oder sollen wir noch immer unterwegs bleiben – zu allen Menschen in aller Welt? Gilt die Aufforderung überhaupt noch, für alle Menschen, besonders für die Regierenden, zu beten und zu glauben?

Für mich ist die Entscheidung dieser Frage im letzten nicht wichtig. Ich überlasse die Antwort getrost der Zukunft und dem Willen Gottes. Wenn ich ihn aber recht verstehe, dann liebt er die Welt noch unvermindert, und dann hat er seinen Geist auch noch nicht zurückgezogen.

Ich erlaube mir jetzt einmal so zu denken, wie es einer positiven Weltbetrachtung entspräche. Vielleicht mutet diese Art, einseitig zu sein, recht abenteuerlich an. Warum sollten wir uns aber nicht auch einmal auf solch ein Gedankenexperiment einlassen.

Jeder einzelne Mensch erlebt eine Entwicklung. Unser sichtbares Leben beginnt mit der Geburt, durchläuft Entwicklungsphasen über Kindheit, Pubertät und Reifezeit bis ins Alter. Wenn wir uns vorstellen, daß auch die ganze Menschheit solch einen Entwicklungsprozeß durchmacht, dann wären wir heute als Menschheit vielleicht in einem Alter so kurz nach der Pubertät. Eine große Strecke Leben läge noch vor uns, wenn wir uns nicht selbst umbringen. Warum gerade Pubertät für unsere Epoche zutreffen könnte, liegt an der Übergangssituation. Die Rebellion gegen jede Autorität wäre ein Kennzeichen der Pubertät unserer Welt, die gleichzeitig auch schon die ersten Ansätze zu verantwortungsbewußtem Denken und Handeln aufzeigt. Wachgerüttelt haben uns die beiden Weltkriege. Ein neues Bewußtsein ist seitdem überall zu beobachten; ein Gefühl für die globale Abhängigkeit aller Menschen auf unserem Planeten. Ein erstes Zeichen dieses globalen Denkens zeigt sich in den übernationalen Einrichtungen. Wenn wir in der Lage waren, einen Weltkrieg zu entfesseln, dann müßten wir auch so etwas entwickeln können wie ein Weltgewissen. Es mag sein, daß der Völkerbund nach dem ersten Weltkrieg und die UNO nach dem zweiten so etwas sind. Eine Fülle von Weltorganisationen sind seitdem entstanden: Weltgesundheitsorganisation, Welthungerhilfe, Brot für die Welt, usw. usw. Sehr spektakulär sind die Erfolge dieser Gewissens-Einrichtungen noch nicht, sie haben auch keine gute Presse – wie alles Gute in dieser Welt. Aber das wissen wir auch, daß nicht die lauten Nachrichten die ganze Wahrheit sind, und daß sie nicht die ganze Wirklichkeit widerspiegeln. Das Gewissen des einzelnen ist ja auch nicht die lauteste Stimme in unserem Innern, und doch kann es uns quälen und unseren Kurs verändern.

Vielleicht war das Pfingstereignis, die Ausgießung des Geistes Gottes »über alles Fleisch«, so etwas wie die Stunde der Wiedergeburt der Menschheit? Jesus spricht davon (Matth. 19, 28). Keine großen Veränderungen zum Guten sind davon ausgegangen – oder doch? Bei einem einzelnen Menschen ist ja auch die Wiedergeburt noch nicht gleich in allen Lebensbereichen zu spüren und nicht alles, was danach gelebt wird, ist gleich göttlich. Tatsache ist aber, daß das Evangelium viele Menschen seitdem erreicht und das Denken der Menschen beeinflußt hat. Außerdem sind die Zeiträume, in denen wir beim Organismus-»Menschheit«-denken müssen, sehr groß.

In mir und sicher in vielen Lesern stehen an dieser Stelle eine ganze Reihe von Fragen auf, die ich nicht beantworten kann und will. Ich möchte nur noch etwas weiterdenken.

Wenn wir uns einmal von der bei vielen Christen verbreiteten negativen Weltbetrachtung lösen, können wir noch einige positive Phänomene beobachten.

Wir erleben zur Zeit im christlichen und auch außerchristlichen Raum einige beachtenswerte Zeichen. Es sind Zeichen einer neuen Gesinnung, der Gesinnung der Bergpredigt: Gewaltlosigkeit, eine Bereitschaft, lieber Unrecht zu leiden als Unrecht zu tun; die weltweite Friedensbewegung, ganz gleich aus welchen Motiven heraus. Es hat damals mit Mahatma Gandhi angefangen, über Martin Luther King seinen Fortgang genommen und ist heute schon lange nicht mehr auf eine Rasse oder Nation begrenzt, sondern erfaßt alle Rassen, Konfessionen, sogar Religionen und auch politische Gruppierungen. Ist diese Bewegung von Gott oder vom Teufel? Es ist ein Aufbruch der Macht der Ohnmächtigen, der Gewalt der Gewaltlosen. Ist dieser Aufbruch vielleicht sogar eine Auswirkung des Heiligen Geistes und die Antwort auf die vielen Gebete um Erweckung?

Neue Energiequellen

Die Erde mit ihren Naturschätzen ist ausgebeutet. Blindlings und rücksichtslos haben wir drauflosgewirtschaftet und tun es heute noch. Aber das Gewissen ist weltweit erwacht und selbstlose Menschen setzen sich unermüdlich für einen sinnvollen Umgang mit der Natur ein. Auch neue Schätze werden entdeckt – gerade, weil die alten aufgebraucht sind. Früher kannte man z. B. als Brennmaterial nur Holz. Dann wurde die Kohle gefunden und schließlich das Erdöl. Nach der Entdeckung der Wasserenergie folgte die Ausnutzung der Sonnenenergie und die des Atoms.

Im Gebrauch dieser Energien und im Umgang mit ihnen liegen zwar große Gefahren, die große Vorsicht und Sorgfalt verlangen – aber haben wir uns nicht alle an den lebensgefährlichen Umgang mit Gas und Elektrizität gewöhnt? Fahren wir nicht auch lebensgefährliche Autos und fliegen wir nicht mit noch gefährlicheren Flugzeugen?

Aber nicht nur in der Natur sind noch unentdeckte Kräfte zu entdecken und zu erforschen. Auch im Menschen selbst gibt es noch weite ungenutzte Kräfte und Räume. Wir wissen heute, daß wir z. B. die Fähigkeiten unseres Gehirns höchstens zu 15–20 % ausnutzen. Die meisten Fähigkeiten bleiben also ungenutzt.

Auch die Kräfte unserer Seele werden erst jetzt in ihrer Unerschöpflichkeit gesehen. Wir fangen an, über die Erziehung unserer Gefühle nachzudenken, nachdem wir uns schon lange mit der Erziehung zum Denken und mit der Ertüchtigung des Leibes befaßt haben. Der Mensch ist durchaus in der Lage, noch kompliziertere Lebensprozesse zu überleben. Es ist noch lange nicht bewiesen, daß 5 oder 6 Milliarden Menschen nicht mehr zu ernähren sind. Es käme da auf eine gerechte Verteilung und auf die Übermittlung bereits vorhandener Erkenntnisse an.

Gibt es denn nur eine negative Sicht für die Zukunft oder haben wir noch eine echte Chance?

Sind nicht alle Entdeckungen zuerst mißbraucht worden, bis man den richtigen Gebrauch gelernt hatte? Ich könnte mir vorstellen, daß man sich am Feuer zunächst ganz schön die Finger verbrannt hat, bevor man mit dem brennenden Material richtig umgehen konnte.

Ebenso stecken die Neuentdeckungen im Bereich des Psychischen – des Seelenlebens – noch in den Kinderschuhen, so daß wir mit den gewonnenen Erkenntnissen noch nicht richtig umgehen können. Wer sagt aber, daß dies so bleiben muß?

Vielleicht gelingt es uns immer mehr, die Ursachen der Angst, die ja zum Urmotiv aller menschlichen Lebensvorgänge gehört, aufzudecken, damit umzugehen und sie zu einer segensreichen Kraft werden zu lassen wie die anderen Kräfte des Körpers, der Seele und des Geistes?

In den letzten Jahren ist es gelungen, die Dynamik von Gruppenprozessen, d. h. der Vorgänge innerhalb von Gemeinschaften und ihren zwischenmenschlichen Beziehungen, aufzudecken und ihre Gesetzmäßigkeiten zu erkennen. Sollte es nicht gelingen, daraus zu lernen, um mit dieser Dynamik besser umgehen zu können und sie sinnvoll zu nutzen, damit das Zusammenleben auch in den Familien und in der großen Völkerfamilie einmal besser gelingt?

Für uns Christen stellt sich die Frage, ober der Geist Gottes an der Entwicklung guter Erfahrungen auch außerhalb unseres »christlichen« Bereiches interessiert ist. Wirkt er auch dort oder sind da nur die bösen Kräfte am Werk? Sollten wir, statt auf die Katastrophe zu warten und uns sehr einseitig auf die Wiederkunft Jesu hin zu orientieren, nicht besser auf ein Weiterleben und Weiterarbeiten in einer immer komplizierter werdenden Welt einstellen?

Vielleicht brauchen wir neue Augen und eine bessere Sensibilität, um das Wirken des Geistes Gottes und die Gegenwart Christi in den heutigen gesellschaftlichen Prozessen aufzuspüren und als solche zu deuten.

Die neue Einheit

Auch in bezug auf die Ökumene sind sich die Christen nicht einig. Was machen wir mit der Bitte Jesu aus Joh. 17, 22 ff.:

> » . . . damit sie eins seien, wie wir eins sind – ich in ihnen und du in mir, damit sie vollkommen eins seien, damit die Welt erkennt, daß du mich gesandt hast.«

Man warnt vor der Weltkirche und vor dem Antichristen. Müssen denn die Unheilspropheten unserer Zeit recht behalten? Gibt es nicht auch Propheten, die das Heil verkündigen? Wer von der Einheit der Christen spricht, wird leicht verdächtigt; doch der Geist Gottes will Einheit wirken. Das ist seine Absicht von Anfang an. Er will keine Uniformität, sondern Einheit in Vielfalt, in Liebe und Wahrheit. Echte Liebe vereinfacht nicht auf primitive Weise, sondern schätzt gerade das Besondere, Andere, Ergänzende. Sie anerkennt die Ausnahme. Sie kümmert sich um das Verlorene, Verirrte, um es aufzunehmen und zu integrieren.

Der neutestamentliche Ruf »metanoia« (tut Buße) kann hier um eine Nuance bereichert werden. Genau übersetzt heißt metanoia: Umdenken, Wegdenken von den alten Gewohnheiten hin zu Neuem und Ungewohntem –weg von einer destruktiven Lebensart hin zu wahrem Leben.

Wenn die Reifung der Einzelpersönlichkeit durch Rücknahme der Schattenprojektion vor sich geht, dann könnte es für die Christenheit vielleicht auch auf diesem Weg eine Rettung geben! Die Rettung läge darin, ihre Schattenprojektionen in Gestalt der negativen Weltbetrachtung – der Erwartung der Katastrophe – zurückzunehmen und darin die eigenen, unbearbeiteten Seiten zu entdecken. Vor mir taucht das Bild vom Salz der Erde auf, das Jesus gebraucht:

> » . . . wenn aber das Salz dumm ist, womit soll man salzen? Es ist zu nichts anderem mehr nütze als daß es hinausgeworfen und von den Leuten zertreten wird« (Matth. 5, 13).

Ist nicht der Zustand der Welt mitverursacht durch die Dummheit derer, die Salz und Licht sein sollen?

Die »christlichen Kriege« (z. B. die Kreuzzüge) waren nicht weniger brutal als die Kriege derer, die nichts vom Christentum wußten. Und »christliche Politik« war wohl selten klüger als die Politik von Nichtchristen.

Zum Klugwerden des Salzes gehört wohl auch die Überwindung eines falschen Gerechtigkeitsbegriffes. Jesus sagt im Zusammenhang mit der vorher zitierten Stelle:

> »wenn eure Gerechtigkeit nicht besser ist als die der Schriftgelehrten, werdet ihr nicht in das Reich der Himmel kommen« (Matth. 5, 20).

Die Alternative zu einer Gerechtigkeit, die richtet und hinrichtet, die trennt, spaltet und zerschlägt, die für sich selbst alles Recht in Anspruch nimmt und den andern damit ins Unrecht setzt, heißt Evangelium. Was ist aber des Frohmachende an der Frohen Botschaft? Gelten Heil und Heilwerdung nur dem einzelnen? Vom Sendungsbefehl Jesu her gilt das Evangelium sicher der ganzen Welt.

Frei vom Gesetz – oder Gesetzlosigkeit

Ein neues Denken und Nachdenken über das Evangelium im Zusammenhang mit dem Gesetz wäre auch ein lohnendes, weitreichendes Abenteuer. Der Unterschied zwischen Gesetz und Evangelium ist nicht der von Gesetz und Gesetzlosigkeit, sondern der von Gesetzhalten und Gesetz-erfüllen. Erfüllen aber hat es mit Füllen, mit Füllung zu tun. In der Gesetzesfrömmigkeit haben wir es mit einem Weg zwischen Zäunen zu tun. »Du sollst« steht auf dem einen Zaun und »du darfst nicht« auf dem anderen. Bei der Erfüllung aber wird der Weg gleichsam aufgefüllt, bis keine Zäune mehr zu sehen sind. Die Liebe ist diese Erfüllung des Gesetzes – der neue Weg. Ein Weg ohne Zaun ist gefährdender, weil er freier ist. Jesus kam nicht, um das Gesetz zu halten, sondern um es zu erfüllen. Seine Richter waren überzeugt, daß er ein Übertreter des Gesetzes war – dafür ist er auch in ihren Augen gestorben. Wer Jesus nachgeht, kann nicht zwischen den Zäunen bleiben. – Zäune aber haben auch etwas Gutes und Wertvolles; deswegen werden sie auch erhalten. So ist es mit dem Gesetz. Es bietet Schutz gegen Willkür von außen und gegen Verunsicherung von innen. Solange ich zwischen den Zäunen bin, kann mich niemand angreifen; niemand darf mir einen Vorwurf machen. Es ist auch eine Hilfe gegen meine Entscheidungsschwäche und Entschlußlosigkeit und bewahrt mich vor Verirrungen.

Aber es ist auch ein Schutz gegen Gott selbst. Er hat sich ja durch sein Gesetz selbst festgelegt. Er muß sich daran halten. Zweifel sind also, solange ich innerhalb der Zäune bleibe, ausgeschlossen. Wenn etwas nicht gelingt, wenn ich auf dem Weg liegen bleibe, d. h. mich nicht weiterentwickle, kann mir niemand etwas anhaben. Ich muß nur darauf bedacht bleiben, kein Gesetz zu übertreten. Reife, Verantwortungsbewußtsein und Mündigkeit sind aber so nicht möglich. Gesetz hat es mit Pflichterfüllung zu tun – sie genügt. Wo aber bleibt die Liebe? Eine reine Pflichterfüllung kann auch eine Lieblosigkeit sein.

Je autoritärer ein System ist, desto mehr Wert wird es auf Gesetze legen. Je größer die Masse, die zu leiten ist, desto wichtiger und desto mächtiger werden die Gesetze, Ämter und Autoritäten. Das gilt nicht nur für die politischen, sondern auch für die religiösen Systeme. Alle Systeme sind Institutionen – Einsetzungen, die fixiert wurden.

In der Institution geht der einzelne in seiner Originalität und Individualität unter, denn vor dem Gesetz sind alle gleich; da wird keine Ausnahme gemacht.

Von der Institution her gesehen darf der Hirte, dem das 100. Schaf verlorengegangen ist, die Herde nicht im Stich lassen, um das eine, verlorene zu holen. Er hat den 99 zu dienen.

Von der Institution her betrachtet darf der Vater seinen verlorenen Sohn nicht so ohne weiteres annehmen, weil er damit ja einen Präzedenzfall schafft. Wo soll denn das hinführen!

In der Institution gibt es keine Gewissensentscheidung des einzelnen mehr.

Es wäre wirklich abenteuerlich, an dieser Stelle zu fragen, ob es denn Gemeinschaft ohne Institution geben kann, allein bestimmt von der Liebe und von der Freiheit. Das wäre sicher nur in einer kleineren Gruppe möglich. Liegt vielleicht ein Verrat am Evangelium darin, daß wir zu einer organisierten Masse geworden sind?

Könnte es Gruppen von einzelnen geben, die allein im Vertrauen auf das Leben und die Kraft Gottes zusammenleben?

Da, wo wir angefangen haben, das Leben zu organisieren und zu institutionalisieren, hat es seine Lebendigkeit verloren. Es tut gut, daran zu denken, daß Jesus keine Institution gegründet hat. Er hat noch nicht einmal eine Religion gestiftet, sondern er hat ein neues Leben begonnen. Seine Jüngergruppe war immer eine kleine Schar. Jesus hat ihr die größten Verheißungen gegeben – nämlich Licht der Welt und Salz der Erde zu sein.

10. KAPITEL

Wandlungen durch Spiegelung

Der Begriff »Spiegelungen« stammt aus einem speziellen Bereich der analytischen Psychologie. Er bezeichnet u. a. einen inneren Wandlungsvorgang, der durch die Einwirkung neuer, ungewohnter Bilder entsteht, denen sich der sich Spiegelnde aussetzt.

Dieser Vorgang ist von dem schon bekannten Vorgang der Projektion zu unterscheiden. Bei der Projektion werden in uns vorhandene Bilder und Vorstellungen nach außen geworfen. Sie verändern nicht unser Inneres, sondern beeinflussen nur unsere Wahrnehmungen der äußeren Wirklichkeit. Ich sehe dabei meine Umwelt entsprechend der inneren Erwartung, die ich auf sie richte. Der Abbau der Projektionen, d. h. ihre Rücknahme, ist eine unerläßliche Voraussetzung, um überhaupt wandlungsfähig zu werden. In der Projektion bestätige ich immer wieder, was ich schon immer gedacht und erlebt habe. Sie fixiert mich auf das Bisherige. Ich lebe in einer Scheinwelt, die mich deshalb auch immer wieder enttäuscht.

In der Spiegelung verändere ich mich entsprechend der Wirklichkeit, wie ich sie sehen lerne, wenn ich meine Projektionen von ihr zurückgenommen habe. Bekannt ist das Schicksalswort Jesu von den sehenden Augen, die nicht sehen, und den hörenden Ohren, die nicht hören (Matth. 13,14 + 15).

Um aber die Projektionen zurücknehmen zu können, muß ich sie erst einmal als solche erkennen. Voraussetzung für alle Wandlungen ist deshalb zunächst eine tiefe Verunsicherung - der Selbstzweifel, ob die Welt und ihre Wirklichkeit tatsächlich so ist, wie ich sie immer gesehen habe. Jeder wird sich zuerst gegen eine solche Verunsicherung wehren, sie macht Angst.

Welche Bilder leben in mir – von mir selbst, von meinen Mitmenschen und von Gott?

Es ist nun durchaus nicht so, daß alle Bilder, die in mir leben, falsch sind. Viele Vorstellungen sind einfach nur überholt – gehören zu einem vergangenen Lebensabschnitt. Die Bilder der Kindheit sind nötig und gut gewesen (sicher nicht alle). Wenn ich aber erwachsen werde, brauche ich neue Bilder, die meinem neuen Lebenshorizont entsprechen.

Gerade in bezug auf die Gotteserfahrung ist ein solcher Wandlungsprozeß immer und immer wieder nötig. Der Geist Gottes will uns in neue Erfahrungsbereiche (»in alle Wahrheit«) leiten. Das erfordert Aufbruch und Flexibilität. Wer bleibt, wie er ist, wer denkt, wie er immer dachte und glaubt, wie er immer geglaubt hat, ist nicht etwa besonders treu und zuverlässig. Nur wer sich wandelt, bleibt sich treu, entspricht sich in seinem ganzen, sich wandelnden Leben.

Welche Vorstellungen von Gott gehören nun zu einer neuen Erfahrung, einem weiteren Wachstumsbereich? Was soll ich anschauen und auf mich wirken lassen? Niemand dürfte sich anmaßen, hier Kriterien aufzustellen oder einen Katalog von neuen Bildern vorzulegen. Wir schauen im geistlichen Bereich nicht auf Vorlagen oder Richtlinien, sondern unmittelbar – »mit aufgedecktem Angesicht« – in das Angesicht Gottes, in sein Wesen. Der Führer auf diesem Weg ist der Geist Gottes. Unsere Mitarbeit besteht allein darin, ihn führen zu lassen, d. h. Gewohntes und Bewährtes loszulassen und Neuland zu betreten.

Eine Zielrichtung aber ist uns angedeutet und hilft uns, nicht völlig orientierungslos zu bleiben: Wir schauen, wenn wir ins Angesicht Gottes sehen, in seine Herrlichkeit – in Lichtglanz, Erhellung und Befreiung. Der Weg führt aus der Enge in die Weite – aus der Dunkelheit, auch der Dunkelheit unserer inneren Vorstellungen, ins Licht. Wer immer nur schwarz sieht, wer nur ständig Schatten und Fehler entdeckt, hat die Herrlichkeit noch nicht gesehen.

Der Vorgang der Spiegelung ist der, die hellen Bilder in sich zur Wirkung kommen zu lassen, sich ihnen auszusetzen, sie aufzunehmen und zu introjizieren, statt zu projizieren.

»In deinem Licht sehen wir das Licht« (Ps. 36). Auch in uns bewirkt das Licht, in das wir sehen, eine neue Einsicht in unsere inneren Dunkelheiten. Die versteckten, persönlichen, notvollen und sündhaften Stellen werden in diesem Licht neu gedeutet. Negatives bleibt nicht negativ, sondern entwickelt einen geheimen Segen.

»Der Herr ist der Geist; wo aber der Geist des Herrn ist, da ist Freiheit. Wir alle aber spiegeln mit aufgedecktem Angesicht die Herrlichkeit des Herrn wider und werden dadurch in dasselbe Bild verwandelt von Herrlichkeit zu Herrlichkeit wie von dem Herrn aus, welcher Geist ist« (2. Kor. 3,17.18).

Die Decke des Mose

Vielleicht ist es hilfreich, an dem Anfang des 3. Kapitels im Korintherbrief einmal entlangzugehen, um den in Vers 18 komprimiert formulierten Vorgang deutlicher aufnehmen zu können. Paulus stellt einen Zusammenhang zwischen dem Erleben des Mose am Gesetzesberg Horeb her. Mose schützt sein Gesicht, das jedes Mal, wenn er mit Gott geredet hat, einen starken Glanz ausstrahlt, mit einer Dekke. Er hat nach tiefen Erschütterungen über sich selbst, über sein Verhalten und über das seines Volkes eine neue Gotteserfahrung gemacht. Er hat anstelle der von ihm selbst zertrümmerten Gesetzestafeln von Gott neue bekommen und dabei eine neue Offenbarung Gottes erlebt. Gott hat sich ihm als der Andere, als der Barmherzige und Gnädige, gezeigt.

Das Volk, dem Mose diese neue Offenbarung weitergeben will, ist nicht in der Lage, ihn und seine Botschaft anzunehmen. Sie können mit dem Strahlenglanz auf dem Gesicht ihres Führers nichts anfangen. Er erschreckt sie höchstens. Sie bleiben im Dunkel ihrer alten Gottesvorstellungen. Die Decke vor dem Angesicht Mose ist ein Zeichen ihrer Uneinsichtigkeit. Mose spiegelt die Herrlichkeit Gottes wider, für das Volk aber bleibt sie verhangen. Sie erleben sie nur verhüllt. Sie hören nur den Buchstaben des Gesetzes, erkennen aber nicht das darin verborgene Leben und die Zuneigungen Gottes.

Das ist der Tatbestand, den Paulus anspricht und den er als dunklen Hintergrund darstellt, vor dem die neue Erfahrung in der Begegnung mit dem Licht des Heiligen Geistes in Christus besonders klar hervorleuchtet. Nur die Hinkehr zu Christus, zu dem Herrn, der Geist ist, kann eine Befreiung bewirken. Nur durch Jesus und in seinem Geist gibt es eine neue Einsicht in das Wesen Gottes, in das Licht.

Nach dieser Vorgeschichte kommt Paulus zu seiner eigentlichen Aussage: So wie Mose, zwar noch unvollkommen, Gott schaute und ihn widerspiegelte, können alle, die mit Christus in Verbindung kommen, einen Verwandlungsprozeß erleben.

Wir spiegeln nicht den Gott des Alten Bundes, so wie ihn das Volk Israel erlebte, sondern den Christus-Gott, den Geist Gottes, den Gott der Freiheit. Das weltwendende Erlebnis ist die Ausgießung des Geistes – mit ihr hat die neue Gottesoffenbarung begonnen. Sie macht Christus Jesus erst richtig erkennbar und verstehbar. Durch den Geist ist Jesus auch für uns sichtbar. Wir können ihn ja nicht persönlich als Mensch erleben wie seine Jünger damals. In ihm offenbart sich Gott in seiner Seinsweise als Geist.

»Gott ist Geist, und die ihn anbeten, müssen ihn in Geist und Wahrheit anbeten« (Joh. 4, 24).

Mit dem Empfang des Geistes beginnt eine neue Gottesbeziehung. Der neue Gottesdienst heißt nicht mehr »Gehorsam gegenüber dem Buchstaben des Gesetzes«, sondern »Widerspiegelung Gottes und seiner Herrlichkeit«. Spieglung ist Anschauung Gottes und dadurch Wirkung Gottes an dem, der ihn anschaut – eine Wirkung als Verwandlung in Herrlichkeit.

Der Begriff Herrlichkeit ist in unserer Umgangssprache und Vorstellung ungebräuchlich und vielleicht nicht faßbar genug. Es handelt sich um den Begriff »doxa« (übersetzbar mit Lichtglanz, Strahlung, Hoheit, Würde), der eine zusammenfassende Beschreibung der Wesensart Gottes ist. Spiegelung, d. h. Anschauen und Einwirkenlassen dieser Wirklichkeit, bewirkt eine Verwandlung in diese Art Gottes. Was wir anschauen, beeinflußt uns. Zum Höhepunkt wird dieser Vorgang kommen, wenn wir nicht mehr nur sein Bild, sondern wenn wir ihn unverhüllt – in Vollkommenheit – sehen. Wir werden ihn sehen, wie er ist (1. Joh. 3, 2).

Und wir werden so sein wie er.

Das »offene Angesicht«, von dem Paulus hier spricht, gibt uns noch einen anderen Hinweis. Gott kann durch die Brille des Gesetzes und religiöser Vorschriften gesehen werden – Erleben und Wirkung werden dementsprechend sein. Gott kann auch nur in seiner Schöpfung, die für viele sehr widersprüchliche Deutungen zuläßt, gesehen werden. Und Gott kann über alles hinaus »von Angesicht zu Angesicht« erlebt werden in einer Unmittelbarkeit, die nur durch die Vermittlung des Geistes möglich ist. Nur der Geist Gottes in uns vermag Gott als Geist zu erkennen und auszuhalten. Nur der Geist erforscht die Tiefen der Gottheit. Er allein weiß, was in Gott ist. Er allein kann sein Wesen deuten und deutlich machen.

Viele Gotteserfahrungen und auch viele Gottesdienste sind entsprechend den Bildern, die darin vorgestellt werden, nicht befreiend und erhellend, sondern angstmachend und niederdrückend. Das »offene Angesicht« strahlt Freiheit und Würde aus, die Gott seinen Kindern verleiht. Der Gedanke, daß die Herrlichkeit Gottes auf seinen Söhnen und Töchtern ruht, ist von Jesus und von den Aposteln mehrfach angesprochen worden (Joh. 17, 22; Römer 8,2–8, 18; 2. Kor. 4,17; Kol. 1,27; 1. Thess. 2,12; 1. Petr. 5,10; 1. Petr. 4, 14 und 5, 1). Hier erhält die Wandlung als ein Weg zur Vollkommenheit, als Entfaltung zur Ganzheit eine neue Dimension. Menschsein und Sohn-Gottes-Sein (Rö. 8, 14; Gal. 4, 5) verschmelzen zu einer Einheit. Das eine existiert nicht ohne das andere. Der neue Mensch, die neue Kreatur (2. Kor 5, 17) liegt nicht in einer fernen, unerreichbaren Zukunft, in einer Existenz nach dem Tod, sondern die Neuwerdung kann bereits jetzt geschehen als Wandlung in das Bild Gottes in Herrlichkeit.

Praktische Schritte

Noch einige Gedanken als Hilfe im Umgang mit der Spiegelung:
Wir können Bilder von Gott neu in uns aufnehmen: Licht, Leben, Liebe – die sein Wesen beschreiben.
Im Leben Jesu begegnet uns Gottes Zärtlichkeit, seine Kraft, seine helle Freude und seine Traurigkeit. Seine menschliche Seite ist uns schon wohlvertraut und sympathisch: seine Müdigkeit, sein Zorn bei der Tempelreinigung, sein Hungern und Dürsten. Aber in der Spiegelung wird uns die Herrlichkeit Jesu stärker beeindrucken und verwandeln zu neuer Würde.

Praktische Schritte:

- Gebet im Sinne der Anbetung.
- Anbetung als schweigende Betrachtung des Wesens Gottes.
- Anbetung ist Anschauung.
- Meditation: Heilsame und gute Bilder und Symbole – sich vorstellen, in sich aufnehmen und in sich wirken lassen.

– Versenkung: ganzheitliches, d.h. leib-seelisches Eintauchen in umfassendere Vorstellungen (»ins Meer der Liebe sich versenken«).
– Biblische Texte meditierend betrachten im sinnenden Nachdenken, d. h. mit allen Sinnen und nicht nur mit den Gedanken beteiligt sein.

Als Konsequenz dieser Wirkungen nach innen dann die Ausübung neuer, der Ganzheit des Lebens entsprechenden Verhaltensweisen:

– Was entspricht meiner Würde?
– Überprüfen meines Verhaltens und Reagierens in den neuen Wertvorstellungen, die ich in mich aufgenommen habe.
– Prioritäten setzen im Blick auf meine Lebensgestaltung.
– Verwandelt werden in Herrlichkeit heißt nicht *mehr* Aktivität. Gefragt ist das neue Sein, das sich von innen her entwickelt.
– Dem Geist Gottes, der in mir ist, Gelegenheit geben, die Beziehung herzustellen zu allem, was mich umgibt.
– Welche Gesetze und Gesetzlichkeiten, welche Götter und Götzen, welche Tabus dulde ich noch in mir?
– Welchen Ängsten lasse ich mehr Raum in mir als dem Geist Gottes?

11. KAPITEL

Die Würde als Zeichen der Wandlung

Wie im vorigen Kapitel bereits angedeutet, ist der Ausdruck »Würde« eine Übersetzung des im Neuen Testament häufig verwendeten Wortes Herrlichkeit. »Herrlichkeit« wird nicht nur auf Gott bezogen, sondern ist auch eine Bezeichnung für die Ausstrahlungsweise und -kraft, die ein Mensch, eine Pflanze oder sogar ein Gestirn haben kann.

Paulus spricht von der Herrlichkeit der Sonne, die sich unterscheidet von der des Mondes und den verschiedenen Herrlichkeiten der Sterne.

Aus anderen Textstellen geht hervor, daß Herrlichkeit nicht nur die äußere Strahlungskraft beschreibt, sondern ebenso eine Lebensqualität.

»Die ganze Schöpfung« sagt Paulus, »wartet auf die Offenbarung der Herrlichkeit der Söhne Gottes«
oder: »daß die Leiden dieser Zeit nichts sind im Vergleich zu der Herrlichkeit, die an uns, den Glaubenden, offenbart werden soll« (Röm. 8, 19).

Überhaupt wird der Ausdruck Herrlichkeit, wenn er auf Christen angewandt ist, häufig im Zusammenhang mit Leiden gebraucht.

»Wenn ihr geschmäht werdet, selig seid ihr, denn der Geist der Herrlichkeit Gottes ruht auf euch« (1. Petr. 4, 14).

Daß es sich um eine innere Qualität handelt, die durch die Innewohnung des Christus begründet ist, kommt in Kol. 1, 27 deutlich zum Ausdruck.

»Christus in euch, die Hoffnung der Herrlichkeit.«

Würde hat nichts mit amtlichen Würdenträgern und verliehenen Orden zu tun, sie ist vielmehr eine Seinsqualität. Die Würde, die Gott schenkt, ist nicht abhängig von menschlicher Anerkennung. Das Würdigwerden beginnt mit dem Angesehenwerden. Der Höhere verleiht dem Niedrigeren Ansehen, indem er ihn freundlich ansieht. Gott macht den Menschen zu einem Angesehenen.

Eine Vorprägung hat diese Vorstellung schon im Alten Testament. Dieses Bild vom Angesehenwerden wird im aaronitischen Segen gebraucht:

»Der Herr segne dich und behüte dich, der Herr lasse sein Angesicht leuchten über dir und sei dir gnädig. Der Herr erhebe sein
Angesicht auf dich und gebe dir Frieden« (4. Mose 4,24–26).
Hier wird vom strahlenden, leuchtenden Angesicht Gottes gesprochen, das den Menschen anstrahlt und ihm dadurch Frieden verleiht.
Wenn wir den Blick Jesu wirklich zu würdigen wissen, genießen wir
sein Uns-Ansehen und lassen es auf uns wirken.

Wer spürt, daß er von Gott angesehen ist, kann nicht so bleiben,
wie er ist. Unter seinen Augen verändert sich die Sicht, die wir von
uns selbst haben. Wie wichtig unsere Vorstellung von Gott ist, wird
in diesem Zusammenhang besonders deutlich. Stelle ich mir vor, daß
Gott mich anschaut wie ein Polizist einen Verkehrssünder, dann
werde ich lieber auf ein Angesehenwerden von ihm verzichten.
Glaube ich aber, daß Gott mich wie einen Geliebten ansieht – wie einen, der seinem eingeborenen Sohn ebenbürtig ist, dann werde ich
nicht mehr schlecht von mir denken können wie bisher.

Als ein von Gott Angesehener habe ich das nötige Ansehen und das
Selbstbewußtsein, auch anderen Ansehen geben zu können. Wir haben keine hochdotierten Ämter zu verleihen, aber wir können allen
und allem, was wir ansehen, Würde schenken. So wie Gott bei uns
von innen her wirkt, indem er das Innerste weckt und zur Entfaltung
bringt, so können wir auch bei anderen Menschen das, was tief in ihnen angelegt ist, zu befreien helfen.

Jesu Vorbild ist auch hier unübertroffen. Er konnte Menschen
durch seinen Blick verändern. Wen er ansah, den hat er aufgerichtet
und neuen Lebensmut in ihm geweckt. Für mich findet das den stärksten Ausdruck in der Stunde der Verleugnung des Petrus. Da heißt es
nach seinem dreimaligen Verrat: ». . . und Jesus sah ihn an.« Ich
glaube, daß dieser Blick dem Petrus das Leben gerettet hat. Sonst
hätte er sich vielleicht wie Judas, der ja das gleiche getan hatte, aufge-
hängt. Dieser Blick hat ihn bewahrt und wieder zu sich selbst gebracht. Mit diesem Blick konnte er überleben und seine innere Ver-
finsterung bis Ostern durchstehen.

Es muß schon etwas sehr besonderes in Jesu Blick gelegen haben.
Er konnte durch eine Menschenmenge, die ihn vom Berg stürzen
wollte, einfach hindurchgehen, ohne daß ihn jemand anzurühren

wagte. Sein Blick ermutigte die Kinder, zu ihm zu kommen. Er nahm ihnen offensichtlich die Scheu. Es zog auch die Kranken und Elenden zu ihm hin, weil sie in seinen Augen Liebe und Würdigung spürten. Der Blick, mit dem Jesus den reichen Jüngling ansah, gab diesem sogar die Möglichkeit und die Freiheit, nein zu sagen zu dem Vorschlag, den Jesus ihm machte. Er ließ ihn deswegen nicht fallen. Er ließ ihm seine Würde.

Wir erleben heute eine Entwürdigung des Menschen durch die Massengesellschaft. Es ist auch sicher schwer, den einzelnen ernst zu nehmen, weil wir ständig so viele Menschen um uns haben. Es ist auch für die öffentlichen Instanzen schwierig, für die Behörden und die allgemeinen Einrichtungen, selbst für Krankenhäuser und Pflegeanstalten. Überall werden wir statistisch erfaßt. Wir sind dann ein Fall. Überall habe ich eine Nummer. Anders geht es wohl auch nicht mehr im Zeitalter der Computer – bei der Bank und beim Finanzamt, bei der Krankenkasse und beim Versandhaus.

Die Prozedur bei der Aufnahme in ein Krankenhaus ist da vielleicht besonders typisch: Bevor ich aufgenommen werde, muß ich erst durch die Registratur. Dann beginnen die Untersuchungen. Verschiedene Spezialisten kümmern sich um mich – meist ohne mir mitzuteilen, was sie gefunden haben und was sie von meiner Krankheit halten. Ich bin ein Fall – ein »Blinddarm« oder eine »Niere«. Wir trösten uns dann mit dem Wissen, daß das bei der Kompliziertheit der medizinischen Einrichtungen heute eben nicht mehr anders möglich ist; manchmal wäre aber etwas weniger Perfektion und etwas mehr Menschlichkeit und Menschenwürde besser.

Trotzdem gibt es auch überraschende Erfahrungen, die wir als einzelne in der Masse machen können. Mitten im Gewühl einer Großstadt schaut mich jemand an. Eine Begegnung der Augen, die mich beglückt und die mich würdigt.

Das Verhalten eines Christen in einem Betrieb oder in einem komplizierten Verwaltungsapparat ist heilend, wenn er von seiner Vollmacht, anderen Würde zu verleihen, Gebrauch macht. Die Freundlichkeit des Herzens wirkt wie Balsam in der Monotonie unserer Gesellschaft.

Durch das Ehre-geben legt Jesus in jedem die eigene Originalität frei. Bei ihm gibt es keine Massenabfertigung. Jede Berufung, jeder Weg in die Nachfolge ist original. Da gibt es keine für alle verbindliche Marschrichtung und keinen Gleichschritt. Jedem wird auch sein individuelles Zeitmaß zugestanden.

Die Auswirkung der von Jesus geschenkten Würde ist ein neues, vertieftes Selbstbewußtsein. Wenn nicht das Wertbewußtsein verändert wird, bleibt der Mensch abhängig. Als Abhängiger wird er immer wieder versuchen, seinen Wert durch Leistung, zumindest aber durch ein gutes Verhalten, aufzubauen. Wer aber Würde empfangen hat, hat seinen Wert in sich und ist damit frei. Die Freiheit der Christen hat sich von Anfang an immer in der Unabhängigkeit von gesellschaftlichen und kollektiven Zwängen gezeigt. Die Motivation zum Handeln und Verhalten wird nicht mehr von außen gesteuert, sondern hat jetzt eine Kraft von innen. Jesus deutet dieses Phänomen der »innenwohnenden Kraft« mit dem Bild von der Quelle an. Eine Quelle fließt, ob aus ihr getrunken wird oder nicht.

Eine sehr drastische Beschreibung für die Unabhängigkeit eines geisterfüllten Menschen gibt Jesus dem Nikodemus.

»Der Wind weht, wo er will. Du hörst sein Sausen wohl, weißt aber nicht, woher er kommt und wohin er geht. So sind die aus dem Geist Geborenen« (Joh. 3, 8).

Sie sind nicht »außengesteuert«, sie werden von innen geleitet. Sie sind ganz sie selbst; sie sind nicht mehr so ohne weiteres einzuordnen. Man kann nicht über sie verfügen. Sie lassen sich nicht mißbrauchen.

Die innere Würde im Sinne der verliehenen Herrlichkeit will uns auch vom ständigen Vergleichen mit anderen befreien. Viel Not entsteht in unserm Zusammenleben durch das Vergleichen. Der eine hat mehr als der andere, er ist begabter, reicher, schöner, er hat es einfach in allem leichter, er hat die besseren Voraussetzungen. Wir finden 1000 Gründe, uns minderwertig zu fühlen.

Mit dem Empfang der Würde und der zunehmenden Auswirkung dieser Herrlichkeit können auch die Minderwertigkeitsgefühle ihre beherrschende Macht über uns verlieren. Neue Wege, die mir sonst durch Hemmungen verschlossen waren, können sich dadurch auftun.

In der Gemeinschaft der Angesehenen sollte sich auch im Planstellendenken etwas verändern. Überall in der Welt wird in Planstellen gedacht und gelebt. Das ist normal und richtig, wenn die Arbeit laufen soll. Fällt jemand aus, dann muß ein anderer die Stelle besetzen. Notvoll wird es, wenn ein Posten besetzt werden muß, egal, ob ein Mensch hineinpaßt oder nicht. Dann ist der Posten wichtiger als der Mensch. Dann ist der einzelne nicht als ganzer Mensch gefragt, sondern nur ein Teil von ihm, der gerade an diese Stelle paßt. Dieses Denken ist auch in christlichen Gemeinschaften zu Hause. Die Originalität des einzelnen wird dadurch eingeschränkt. Er entwickelt sich u. U. recht einseitig und wird in seiner persönlichen Wegführung nicht ernst genommen. Er tut dann seine Pflicht anstatt das, was er noch nicht so gut kann, zur Entfaltung zu bringen. Die Freude am Kreativen tritt in den Hintergrund. Er fühlt sich als Person nicht mehr gewürdigt und ernstgenommen.

Mit jedem Menschen, der neu dazukommt, verändert sich eine Gemeinschaft, entsteht etwas Neues, noch nie Dagewesenes. Mit jedem, der die Gemeinschaft verläßt, hört etwas auf, was nur durch ihn getan werden konnte. Aber allein die Vorstellung hiervon kann jedem Gemeindeleiter den Nachtschlaf rauben! Keine Einrichtung wäre dann von Dauer; eine Tradition könnte dann nicht gepflegt werden – es sei denn, jemand hätte dazu eine besondere Berufung oder eine spezielle Begabung.

Das wäre eine praktische Konsequenz aus dem zitierten Bibelwort von den aus dem Geist Geborenen! Die Begabungen würden dann die Aufgaben bestimmen und nicht umgekehrt.

Diese Gedanken sind so weltfremd, daß sie höchstens im Reich Gottes zu realisieren sind!

Die Frage, wo denn bei diesem Modell die Kontinuität bleibt, die Verantwortung für das Vorhandene, ist offen.

Am deutlichsten kommt die Kraft, die von der Würde ausgeht, in der Fähigkeit zu vergeben, zum Ausdruck. Wer anderen vergeben will, braucht zunächst selbst die Erfahrung der Vergebung, die ihm eine neue Würde gibt.

Jesus führt als Beispiel den würdelosen Knecht an, der seinen

Herrn um Millionenbeträge betrogen hat. An eine Wiedergutmachung ist nicht zu denken. Das einzige, was ihn retten kann, ist Gna-
de. Er empfängt sie nicht nur in Form eines Schuldenerlasses, sondern auch in der Wiederherstellung der veruntreuten Würde. Wie
wenig tief das bei ihm gegangen ist, wie wenig er die geschenkte
Würde in sich aufgenommen hat, zeigt sich dann in seinem würdelosen Verhalten seinem Mitknecht gegenüber (Matth. 18, 21ff.).

Jesus erzählt dieses Gleichnis in einem besonderen Zusammenhang. Petrus hatte ihn gerade gefragt, wie oft er seinem Bruder vergeben müsse, wenn dieser mehrmals am Tag an ihm schuldig werden
würde. Nach der Meinung des Petrus müßte eigentlich sieben Mal
pro Tag genügen. Die Antwort, die er darauf bekommt, hat ihn sicher
sehr überrascht: Nicht 7 Mal, sondern 490 Mal pro Tag!

Hier handelt es sich offensichtlich um eine besondere Art von Vergebung, wie wir sie normalerweise nicht gewohnt sind. Vergebung
ist nicht nur die Begleichung einer alten Schuld. Vergeben heißt auch
nicht, einfach vergessen, was einmal falsch war. Vergeben hat es
überhaupt nicht in erster Linie mit einzelnen Taten und Sünden zu
tun, die auf einem Konto verzeichnet sind und dann gelöscht werden,
sondern mit einer neuen Sicht für das Vergangene. Vergebung ist
nicht nur die Reparatur einer gestörten Beziehung, sondern in erster
Linie das Geschenk einer neuen Beziehung, wie sie vorher noch nie so
vorhanden war. Die menschliche Art, zu vergeben, heilt das Zerbro-
chene, ist eine Wiederherstellung. Die göttliche Art hängt mit der
Würde zusammen und kommt einer Neuschöpfung gleich. Das Alte
ist vergangen, Neues ist entstanden!

Würdigen heißt auch, Leben ermöglichen. Von Albert Schweitzer,
der das Leben in besonderer Weise zu würdigen wußte, wird erzählt,
daß er sogar das Leben einer Ameise schonte, wenn sie beim Pflanzen
in ein Pflanzloch gefallen war. Er nahm sie heraus, bevor er die Erde
wieder zuschüttete.

Jedes Leben hat seine eigene Würde – jede Pflanze und jedes Tier;
wieviel mehr jeder Mensch in seiner unauswechselbaren Art. Auch
unser Umgang mit Menschen, die uns feindlich gesonnen sind, wird
in ein neues Licht gerückt, wenn wir uns gegenseitig die Würde
lassen.

Für einen entmutigten Schüler könnte es viel bedeuten, wenn sein Ansehen bei seinem Lehrer nicht nur von der Leistung, die er bringen kann, abhängig ist.

Von Mutter Theresa in Kalkutta wird berichtet, daß sie Sterbende, die auf der Straße verhungerten, mit in ihr Zimmer nahm, obwohl sie nicht mehr zu retten waren. Sie sollten, so sagte sie, wenigstens noch im Sterben einen Menschen ansehen dürfen und nicht die Ratten im Straßengraben. Sie sollten, wenn sie schon kein menschenwürdiges Leben führen konnten, wenigstens ein menschenwürdiges Sterben haben.

Es ist sicher wichtig, den Menschen Brot zu geben und eine Chance, zu leben. Wie gut, wenn heute weltweite Anstrengungen gemacht werden, den Hunger in der Welt zu stillen und die Seuchen zu lindern. Noch wichtiger aber scheint mir für uns Christen zu sein, daß wir den Menschen die Würde wiedergeben, die sie als Geschöpfe Gottes verloren haben. Braucht nicht auch der Kranke, der Selbstmordkandidat, der Aussteiger, der Abhängige von irgendeiner Sucht – mehr als Therapie?

Nicht unsere Aktivitäten machen unser Leben unauswechselbar wertvoll für die Welt, sondern die Fähigkeit, uns selbst und unseren Nächsten mit den Augen Gottes ansehen zu können und damit allem und allen eine neue Würde und einen neuen Glanz zu verleihen.

Weitere Bücher von Wilhard Becker:

Wahrnehmungen

Wie wir uns und andere neu sehen lernen
72 Seiten, Paperback, Best.-Nr. 27146
Die eigenen Denk- und Lebensgewohnheiten erkennen und Neues sehen lernen – dazu will dieses Buch dem Leser helfen. In zehn praktischen Kapiteln
werden die Bilder behandelt, die wir uns von der Wirklichkeit gemacht haben
und dann wieder in unsere Umwelt projizieren. Sie hindern uns oftmals daran, Neues aufzunehmen und uns zu ändern. Aus der Verkündigung Jesu
Christi leitet der Verfasser die Leitlinien für den wichtigen Lernprozeß ab,
der uns zu geöffneten Augen und zu einer neuen Sicht verhelfen will.

Angriff der Liebe

132 Seiten, Paperback, Best.-Nr. 27901
Gott ist Liebe, Jesus ist Liebe, der Heilige Geist ist Liebe. Diese drei Aussagen
klingen so einfach und einleuchtend, und doch liegen die tiefsten Erkenntnisse darin. Wenn wir sie recht erkannt und begriffen haben, werden sie für
uns zu einer praktischen Anweisung zum Handeln.

Im Kraftfeld Gottes

96 Seiten, Paperback, Best.-Nr. 27903
Das Buch ist ein anschaulicher »Erstunterricht« in den Anfangsgründen des
Glaubens. Aber auch der erfahrene Christ wird erstaunt sein, wie viele Anre-
gungen es gibt, etwa in den Kapiteln »Askese und Konzentration«, »Sieghaf-
tes Leben«, »Fröhliche Gelassenheit«.

Diktiert von der Freude

Aspekte des Evangeliums
144 Seiten, Paperback, Best.-Nr. 27902
Die höchsten Leistungen, die Menschen im Bereich des Evangeliums voll-
bringen, sind nicht diktiert von der Angst, sondern von der Freude: nicht das
Müssen, sondern das Können steht im Vordergrund. Angst ist ein schlechter
Motor. Es gibt nur eine Triebkraft, die stark genug ist: die Liebe.

Nicht plappern wie die Heiden

152 Seiten, Paperback, Best.-Nr. 27904
Auf die Frage »Beten Sie manchmal?« antworten 80 Prozent der Deutschen
mit Ja. Die meisten Gebete sind allerdings nicht mehr als ein Stoßgebet oder
entleerte Tradition. In seinem erfrischenden Stil zeigt Wilhard Becker neu
die Quellen des Gebets und beschreibt viele praktische Gebetsformen.

ONCKEN VERLAG WUPPERTAL UND KASSEL